What I Wish I Knew When I was 20

20歳のときに知っておきたかったこと 新版
スタンフォード大学　集中講義

ティナ・シーリグ　高遠裕子：訳／三ツ松新：解説

CCCメディアハウス

はじめに

この本を手にとっていただき、ありがとうございます。『20歳のときに知っておきたかったこと』の最新版をお届けできることを心から嬉しく思います。

原書の初版が出版されたのは二〇〇九年の春。ひとり息子のジョシュが二〇歳の誕生日を迎える週でした。ちょうど一〇年の節目が近づいていたのを機に、最初から読み返してみました。自分が書いた文章を久しぶりに読み返すのは新鮮で楽しく、どの概念、どの物語が古びていないかを見分ける作業にわくわくしました。ほとんどはいまでも十分通用しますが、なかには古びてしまったものもあります。この一〇年で私自身、さまざまな経験をしましたし、知識も増えています。そこで一〇周年記念に増補改訂版を書かせてもらえないか出版社に相談したところ、幸い前向きな返事をいただきました。

構成は大きく変えていませんが、最新の例をふんだんに盛り込みました。わたしの講義から引いたものもあれば、さまざまな分野のイノベーターを紹介したものもあります。

さらに、この一〇年で得た新たな知見も数多く取り入れました。そのために新たに二章分をくわえました。

わたしが教育者として常日頃、心がけ、この本でも目指したのは、みなさんのやる気に火をつけることです。そのために質問を投げかけ、逸話を紹介し、シナリオを設定して、意外な発見につなげていきます。教室では、学生ひとりひとりが体験をとおして変わり、課題をこなし、新しい概念を知ることで、自分にもこんなことができるのだと自信をもってもらうよう心がけています。この本で目指していることもおなじです。この本を読み終えた後、みなさんが多くのツールを手にして、身のまわりにチャンスを見出し、つかめるようになって欲しいと願っています。

この記念版が出る頃、ジョシュは三〇歳の誕生日を迎えます。わたしに本を書くきっかけをくれた息子には感謝してもしきれません。長年、わたしに学びの機会を与えてくれた学生や同僚にも深く感謝しています。

この本の感想やご意見を是非聞かせてください。フィードバックは大歓迎。みなさんにとって、どの部分がいちばん響いたのか、お聞かせいただくのを楽しみにしています。tseelig@gmail.comか、個人ＨＰのtinaseelig.comにお寄せください。ツイッターの@tseeligもフォローしてください。

新版　20歳のときに知っておきたかったこと　目次

Published by arrangement with HarperOne, an imprint of HarperCollins Publishers
through Japan UNI Agency, Inc., Tokyo.

第1章

スタンフォードの学生売ります

自分の殻を破ろう

二時間あげるから元手の五ドルを増やす方法を考えてください。こう言われたら、みなさんはどうしますか？　これはスタンフォード大学dスクールの最初の授業で学生に出した課題です。[*1]

ルールは単純。一四チームそれぞれに「元手」として五ドルを入れた封筒を渡します。考える時間はいくら取っても構いません。でも、いったん封筒を開けたら、二時間でできるだけ増やさなくてはなりません。課題にあてられるのは水曜午後から日曜の夜まで。チームごとに何をしたかを一枚のスライドにまとめ、日曜の夜にわたしに送ってもらいます。そして、月曜の午後、各チーム三分間のプレゼンテーションを行ないます。学生たちには起業家精神を発揮することが求められました。チャンスを見つけ出し、常識を疑い、限られた資源を活用し、創造力を発揮するのです。

おなじ課題が出されたら、みなさんならどうしますか？　この質問をすると、たいてい「ラスベガスに行く」とか「宝くじを買う」という声が上がります。笑いが起きます。こういう人たちは、大金をつかむというわずかなチャンスに賭けるため、大きなリスクを取るわけです。

次によくあるのが、五ドルで道具や材料を買って洗車サービスやレモネード・スタンドを始める、というものです。二時間でほんの数ドル儲かればいいのであれば、それでもいいでしょう。ところが、ほとんどの学生は、最終的に、こうしたありがちな答えのはるか上を行く方法を見つけました。従来の常識を徹底的に問い直し、いくつものチャンスを掘り起こし、最大限の価値を生み出したのです。

どんな方法を使ったのでしょうか？　ヒントを差し上げましょう。たとえばいちばん多く稼ぎ出したチームは、元手の五ドルに一切手をつけていません。元手にばかり目を奪われていたのでは、課題のとらえ方が狭すぎると気づいたのです。五ドルはあってないようなものなので、課題を広くとらえなおすことにしました。何もないところからお金を稼ぐには、どんなことができるでしょうか？

学生たちは観察力を磨き、自分たちの隠れた才能を掘り起こし、創造力を発揮して、問題とおぼしきものに目をつけました。自分たちがぶつかった問題、他の人たちが困っている問題、気づいてはいたけれど以前は解決しようとは思わなかった問題です。ずっとあるのに、かといって真っ先に思い浮かぶものでもない問題。こうした問題を掘り起こすことで、優勝したチームは六〇〇ドル以上を稼ぎ出しました。そして、この五ドルの投資リターンは平均四〇倍にもなりました。多くのチームが元手に手をつけなかったことを考慮すると、その投資リターンは無限大ともいえます。

では、一体、彼らは何をしたのでしょうか？

あるチームは学生街でよくある問題に目をつけました。土曜の夜、人気レストランには長蛇の列ができます。苛々しながら列に並びたくない人を助けようと考えたのです。

ペアを組んで、いくつかのレストランに予約を入れます。予約時間が近づくと、長い待ち時間を嫌う客に売りました。最高二〇ドルで買ってくれました[*2]。

夜が更けてくる頃、学生はいくつか面白いことに気づきました。女子学生のほうが男子学生よりも予約がよく売れるのです。並んでいる人たちも、若い女性になら、声をかけられて身構えなくてもいいのでしょう。そこで当初の計画を変え、男子が手分けしてレストランを予約し、女子が列に並んでいる人に売ることにしました。

もうひとつ気づいたことがあります。このアイデアがいちばんうまくいったのは、待っている客に携帯端末を持たせて、席が用意できたら知らせるレストランだったのです。客はレストランから配られた自分の端末と、学生が持っている端末を交換することで、何か確かなものにお金を払ったような気になれます。自分の端末とお金を渡して、新しい端末を受け取るほうが安心なのです。学生は学生で、順番が近づいて鳴りそうな端末をまた別の客に売ることで、ボーナスを稼ぐことができました。

もっと単純なやり方をしたチームもあります。学生会館の前にスタンドを設け、自転車のタイヤの圧力を無料で調べることにしたのです。空気を補充する必要があれば、一ドルで補充しました。当初は、自分たちとおなじ学生の気のよさにつけこんでいるのではないかと、うしろめたく思っていました。近くのガソリンスタンドまで行けば、ただで空気を入れられるのですから。

ところが二、三人が訪れたあと、自転車に乗る学生は驚くほど鷹揚であることに気づきました。近くに無料で空気を入れる場所があり、作業はむずかしくはないのに、このサービスが重宝がられたのです。それでどうしたか？　二時間の持ち時間の半分が過ぎたところで、代金を支払って欲しいという代わりに、寄付をお願いする作戦に変えたのです。これで、収入が一気に増えました。定額を支払うよう求めたときより無料でサービスしたほうが、寄付が多く集まったのです。このチームも、レストランを予約したチームも、途中でやり方を変えたことが功を奏しました。相手の反応を見て小さな変更をくわえることにより、作戦がピタリとハマったのです。

それぞれのチームは数百ドルを稼ぎ出し、クラスメートも感心しました。ところが、いちばん利益の多かったチームは別のチームでした。自分たちが使える資源は何なのか？　まったく違うレンズで捉え、六五〇ドルを稼ぎ出しました。自分たちにとって貴重な資源は、五ドルでも二時間でもない。授業での三分間のプレゼンテーションこそが貴重な資源だとひらめいたのがミソでした。

そこで、クラスの学生を採用したいと考えている会社に、その時間を買ってもらうことにしたのです。このチームは、会社の三分間のＣＭを制作して、プレゼンテーションで流しました。とてもよくできていました。自分たちには、職を探しているクリエイティブな学生という貴重な資源があり、発掘されるのを待っている。学生たちはそのことに気づいたのです。

他の一一チームもそれぞれに気の利いた方法を見つけました。年に一度の学生主催の舞踏会で撮影サービスをしたチームもあれば、「両親の日」に地元で評判のレストランのマップを作って売ったチームもあります。特製Tシャツをクラスメートに売ったチームもありました。ひとつだけ、五ドルをパーにしたチームがありました。雨の日にサンフランシスコの街中で傘を売ろうとしたのですが、売り出した直後にすっかり雨が上がったのです。そして、そう。ありがちな洗車サービスやレモネード・スタンドを開いたチームもありました。この二チームのリターンは、クラスの平均を大きく下回りました。

学生に起業家精神とはどういうものかを教えるうえで、この「五ドルの挑戦」の試みはそこそこうまくいったと思います。でも、多少、後味の悪さが残りました。価値がつねに金銭的な報酬で測られると印象づけたくはなかったからです。そこで、つぎに課題を出すときには、ひとひねりしました。封筒には五ドルではなく、一〇個のクリップを入れました。そして、「これから五日間、封筒を開けてから四時間のあいだに、このクリップを使って、できるだけ多くの価値を生み出してください」と指示しました。価値はどんな方法で測ってもかまいません。ヒントにしたのは、カイル・マクドナルドの物語です。

カイルは赤いクリップ一個から物々交換を重ねて、最後は一軒の家を手に入れてしまいました。[*3] ブログを立ち上げて状況を逐一報告し、物々交換に応じてくれるよう広く呼びかけました。一年かかりましたが、一歩一歩積み重ねて、ついに目標を達成したのです。最初は赤いクリップを魚の形のペンと交換しました。そのペンをドアノブと交換し、さらにドアノブをコールマン製のキャンプ・ストーブと交換しました。一年のあいだに、ゆっくりとではあるけれど、着実にモノの価値は上がりました。そして、ついに念願のマイホームを手に入れたのです。

カイルがたった一個のクリップでここまでやってのけたことを思うと、一〇個のクリップを渡したわたしは、なんと気前がいいのだろう。そう思っていました。課題は木曜日の午前中に出して、翌週の火曜日に発表してもらうことにしていました。

ところが、土曜日になる頃には、ちょっとやり過ぎたかも、と不安になってきました。この課題は失敗だったかもしれないけれど、それも経験と割り切ることにしようと自分に言い聞かせました。でも、そんな心配はまったく無用でした。七つのチームはそれぞれ、ユニークな方法で新しい「価値」を生み出していきました。

あるチームは、クリップを新しい通貨に見立て、できるだけ多くのクリップをかき集めました。別のチームは、クリップを繋げた最長記録が二二マイルであることを突き止め、この記録を破ろうと考えました。友人やルームメート、地元の店や企業に計画を説明してまわり、クリップをかき集めました。そして、ひとつに繋げたクリップの山を抱えて教室に現れました。課題が終わった後も世界記録への挑戦を続けようとする姿は、おなじ寮の学生たちを大いに刺激したようです（記録は破れませんでしたが、このチームが生み出したエネルギーの大きさを物語っていると思います）。

いちばん面白かったチームは、こちらを挑発するように最初に短いビデオを流しました。BGMに大音量の「バッド・ボーイ」が流れる映像には、クリップで鍵をこじ開けて学生寮に忍び込み、サングラスや携帯電話、パソコンを大量に盗み出す様子が映っていました。めまいがしそうなわたしに、学生は「いまのは冗談です」と笑って、本物のビデオに差し替えました。このチームはまず、クリップをポスターボードと交換し、近くのショッピングセンターに立てかけました。張り紙には、こう書かれていました。

「スタンフォードの学生売ります――一人買えば、二人はオマケ」

これを見た人たちからの依頼に驚いたのは学生のほうでした。最初は、重い荷物を持って欲しいという、買い物客からのごくふつうの依頼でした。洋品店からはリサイクル品の引き取りを頼まれました。最後にはなんと、仕事で行き詰まっている女性からブレインストーミングに付き合って欲しい、と依頼されました。この女性は、使わなくなったパソコン用モニター三台をお礼にくれたそうです。

わたしは何年も似たような課題を出し続けましたが、元手をクリップからポストイットやゴムバンド、ミネラルウォーター、左右の違う靴下に変えました。過去の答えに縛られたくないので、おなじ課題を二回出すことはありませんでした。学生たちは、限られた時間と資源を使って、毎回、アッと驚くことをやってくれました。その成果は、当人たちの予想をはるかに超える広がりを見せました。たとえばポストイット一冊から、共同音楽プロジェクトや心臓病について啓蒙するキャンペーン、省エネを呼びかける公共広告「コンセントを抜きましょう」が生まれました。

この演習から発展した「イノベーション・トーナメント」には、世界中から何百ものチームが参加しています[*4]。参加者はこの大会を、自分の身のまわりを新鮮な目で見て、裏庭にチャンスを見つける手段と捉えています。当たり前とされていることを疑うことによって、無に等しいものから莫大な価値を生み出しています。ポストイットの冒険は全編映像におさめられ、これをもとに本格的なドキュメンタリー『イマジン・イット』が作られました[*5]。

こうした演習から、気づかされることはいくつもあります。第一に、**チャンスはいくらでもあります。いつでも、どこでも、身のまわりをじっくり観察すれば、解決すべき問題が目に入ります。**

人気のレストランで席を確保するとか、自転車のタイヤに空気を入れるといった、小さな問題もありますが、世界的な広がりをもった、大きな問題が数多くあります。ここで肝に銘じるべき教訓は、問題に見えることのほとんどがチャンスであって、問題が大きければ大きいほどチャンスも大きい、ということです[*6]。

第二に、たいていの人は問題にぶつかると、解決なんてできないと考え、目の前にクリエイティブな解決法があっても目に入りません。ですが、問題の大きさに関係なく、いまある資源を使って創造的に解決することはつねに可能なのです。起業家精神とはまさにこのことだと、わたしたちは定義しています。**起業家とは、チャンスになりそうな問題をつねに探していて、限られた資源を有効に使う独創的な方法を見つけて問題を解決することによって、目標を達成する人たちなのです。**

第三に、**わたしたちはたいてい問題を狭く捉え過ぎています。**二時間でできるだけ稼ぎなさい、といった単純な課題を出すと、ありきたりな方法に飛びつく人がほとんどです。一歩引いて視野を広げようとはしません。ブラインドをあげれば、可能性に満ちた世界が広がっているのに。演習に参加した学生は、この教訓を胸に刻むことになります。元手がないのは言い訳にならないということを、後々よく考えます。解決されるのを待っている問題は、いつでも身近にあるのですから。

この演習は、わたしがスタンフォード大学で起業家精神とイノベーションを教える講座から生まれました。どんな問題もチャンスと捉え、工夫すれば解決できることを示すのが講座全体の狙いです。最初は個人に、つぎにチームに、そして最終的には大規模な組織に、創造性とイノベーションを取り込むことを重視しています。学生にはまず小さな課題を与え、徐々にむずかしくしていきます。学生は授業が進むにつれて、問題を可能性というレンズで捉えることにわくわくして、最後はどんな問題でも受けて立とうという気概をもつようになります。

わたしはスタンフォード大学で二〇年にわたって教鞭をとり、工学部に属するSTVP（スタンフォード・テクノロジー・ベンチャーズ・プログラム）[*7]の共同責任者を務めています。科学者や技術者に起業家精神とはどういうものかを教え、それぞれの役割のなかで起業家精神を発揮するために必要なツールを授けることが、わたしたちの使命です。純粋な専門知識を教えて学生を社会に送り出すだけでは不十分だとわたしたちは考えています。そして、おなじように考える大学が世界的に増えています。社会に出て活躍するには、どんな職場であっても、人生のどんな局面であっても、起業家精神を発揮してみずから先頭に立つ術《すべ》を知っておく必要があります。共同でSTVPの責任者を務めるトム・バイヤーズは、最初にこんな風に言いました。

「起業家精神とは、あらゆる状況に関連する幅広いスキルを教えるためのトロイの木馬である」

STVPでは、教育と研究、そして、世界中の学生や学部、起業家との交流に力を入れています。目指しているのは、「T字型の人材」の育成です。**T字型の人材とは、少**

なくともひとつの専門分野で深い知識をもつと同時に、イノベーションと起業家精神に関する幅広い知識をもっていて、異分野の人たちと積極的に連携してアイデアを実現できる人たちです。

どんな役割を果たすにしろ問題を解決するうえで、起業家的な発想がカギになります。日常生活で日々遭遇するささいな問題もそうですし、地球規模での関心や取り組みが必要な切迫した危機についてもおなじことが言えます。じつは、**起業家精神とは、リーダーシップやチームづくりから、交渉やイノベーション、意思決定に至るまで、人間が生きていくうえでカギとなるような幅広いスキルを開拓することなのです。**

わたしは「ｄスクール」の愛称で呼ばれる、スタンフォード大学のハッソ・プラットナー・デザイン研究所にも所属しています。この学際的なプログラムには、工学、医学、経済学、教育学など、学部の垣根を越えて学内全体から教育者が集まっています。構想を練り、研究所を立ち上げたのは、機械工学のデビッド・ケリー教授です。教授は、独創的な商品や経験を提案することで知られるデザイン会社、ＩＤＥＯの創業者としても有名です。

ｄスクールの講座はすべて、最低でも専門の異なる二人の教授が受け持ちます。取り上げるテーマは、途上国向けの超低価格の製品デザインから、伝播力のある行動を起こす方法、元気な高齢者のためのデザインまで、じつに多彩です。わたしは教員のひとりとして、正解が何通りもあるような複雑で大きな課題を、学生に、そして自分自身に投げかけてきました。そして、そのなかで積極的に協力し、突拍子もないブレインストーミングを行ない、短期間でプロトタイプをつくるという醍醐味を味わってきました。

この本は、こうしたスタンフォードの授業から生まれた物語と、それ以前に科学者、起業家、経営コンサルタント、教育者、著者としてわたしが経験してきたことをまとめたものです。さらに、起業家や発明家、アーティスト、学者など、さまざまな道を歩んできた人たちの物語も盛り込んでいます。常識を疑うことによって卓越した仕事を成し遂げ、失敗も成功も包み隠さず話してくれる人たちがごく身近にいるという意味で、わたしはとても恵まれています。

この本で紹介する考え方の多くは、従来の教育制度の下での教えとは対極にあります。じつは、学校で適用されるルールは、往々にして外の世界のそれとはかけ離れています。このギャップがあるために、いざ社会に出て自分の道を見つけようとすると、とてつもない重圧にさらされることになります。このギャップを埋めて実社会の問題に挑もうとするのは難題ではありますが、適切なツールと心構えがあれば、できないことではありません。

具体的に話しましょう。学校では、学生を個人として評価し、成績を相対評価するのが一般的です。要するに、誰かが勝てば誰かが負ける仕組みになっています。これではストレスが溜まりますが、組織はふつう、そのようにできていません。社会に出れば、目標を共有する者同士がチームを組んで仕事をするのが一般的です。自分が勝てば、周りも勝ちます。じつはビジネスの世界では、大きなチームのなかに小さなチームがいくつもあって、どの段階でもうまくいくことが目標になっています。

一般的な授業では、学生に知識を詰め込むのが自分の仕事だと思っている教員がほとんどです。教室のドアは閉められ、机と椅子は教壇に向かって固定されています。あとで試験に出ることがわかっているので、学生は熱心にノートを取ります。教科書を読んでおくことが宿題として出され、学生は黙々と予習します。

大学を出てからの生活は、これとはまったく違います。社会に出れば、自分が自分の先生であり、何を知るべきか、情報はどこにあるのか、どうやって吸収するかは、自分で考えるしかありません。じつは実社会での生活は、出題範囲が決められずに、どこからでも問題が出される試験のようなものです。その代わり、ドアは大きく開かれているので、何か問題にぶつかったときに、身のまわりの資源をいくらでも利用できます。職場や家庭の問題も、友人関係の悩みも、世界全体の問題を考えるときもそうです。

チリ大学の優秀な教授のカルロス・ビグノロは、「社会に出たら、有能な教師が道を示してくれるわけではないのだから、君たちは出来の悪い教師の授業を取りなさい」と言って、学生を挑発しているそうです。

テストにしても、大人数の授業であれば、正しい答えをひとつだけ選ぶ選択式です。採点がしやすいように、鉛筆で丁寧に楕円を塗りつぶさなければなりません。一歩社会に出れば、状況はまったく違います。どんな問いにも、答えは何通りもあります。そして、その多くは、どこかしら正しいところがあるものです。

悲しいことに、こうした画一的な教育は世界中でみられます。最近、韓国の若者から送られてきたメールを読んで、わたしはひどく戸惑いました。選択式の問題で答えを間違いとされた学生が、教師に抗議するために応援を求めてきたのです。

何が問題だったのでしょうか？　じつは、この本の一節から出題されていたのです。ばかばかしいアイデアに可能性を見出す、というくだりです。文章を読んで複数の選択肢から答えを選び、その節が理解できたことを示すという建前でした。ですが、その設問は、著者のわたしですら答えられないものでした。わざと混乱させることを狙ったとしか思えず、文章の理解力を問う問題にはみえませんでした。これはひっかけ問題だと、わたしの考えを書いて返信しました。この出来事が端的な例だといえますが、「授業で数えられるものがすべて重要なわけではないし、重要なことがすべて授業で数えられるわけでもない」[*8]のです。

世界は選択に満ちています。愛や倫理、創造性といったとても大切なものの多くは、簡単に数えることができません。たったひとつの正解を選べば、ご褒美がもらえるわけでもありません。家族や友達、隣人が、どうすべきか親切にアドバイスしてくれるかもしれませんが、どの道を選ぶかは、基本的に自分自身の責任です。ただし、**最初から正しくなくても構わないのです。人生には多くの機会が訪れるものです。試行錯誤しながら、自分のスキルと情熱を思いも寄らない形で組み合わせて、そのチャンスをものにすればいいのです。**

もっと大切なのは、失敗も受け入れるべきだということでしょう。じつは失敗するからこそ学習することができ、それを人生に活かしていけるのです。進化が試行錯誤の実験の連続であるように、最初は失敗するのがつねで、つまずくことも避けられません。最初から歩けた人はいませんし、一発で自転車に乗れた人もいないでしょう。だとすれば、学生や社会人に、複雑な課題を一回で解決しろ、と要求するほうが無茶なのです。**成功の秘訣は、何か試すたびに、どれだけ教訓を引き出し、その教訓をもとに次の段階に進めるかどうかなのです。**

次の章からは、あなた自身を、そして世界を新鮮な目で見つめ直してもらいます。考え方はシンプルですが、必ずしも直感的に納得できるものではないかもしれません。ですがわたしは、イノベーションと起業家精神を教えるなかで、ダイナミックに変化する現代を生きるわたしたちにとって、この本で示す考え方がいかに大事かを目の当たりにしてきました。

状況がめまぐるしく変わるなかでは、優先順位をつけること、優先順位のバランスを取ること、失敗から学ぶ方法を身につけることが必要です。そして、この本の考え方は、人生をめいっぱい楽しみたい人にとっても役立つものだと思います。

わたしが目指しているのは新しいレンズを提供することであり、そのレンズをとおして、日常でぶつかる問題を見つめ直し、将来の進路を描いてもらうことです。常識を疑い、身のまわりのルールが本当に正しいのか問い直してもいいのだと、みなさんの背中を押したいと思います。不安はつきまとうでしょうが、おなじような不透明な状況にほかの人がどう対峙してきたのかを知れば、自信が湧いてきます。そうすれば、ストレスを感じるのではなく、わくわくした気持ちになり、困難だと思ったことが、じつはチャンスなのだと気がつくことでしょう。

第2章

常識破りのサーカス

みんなの悩みをチャンスに変えろ

日常のなかで問題にぶつかったとき、これはチャンスだと思わないのはなぜなのでしょうか？　第1章で取り上げた学生たちはなぜ、課題が出されるまで想像力の限界を広げられなかったのでしょうか？

それはそもそも、問題を歓迎するような教育を受けていないからなのです。問題は避けるものであり、不満のタネになるものだと教えられています。こんなことがありました。企業幹部を対象にした講演で「イノベーション・トーナメント」のビデオを見せたところ、その日の午後遅く、ある企業のトップがやって来て、「学生に戻れたらどんなにいいでしょう。そしたら問題をつぎつぎ出されて、創造力を養えるのに」と嘆いたのです。

わたしは戸惑いました。この人は、日々の仕事のなかで、柔軟に考えなければとても解決できない問題にぶつかっているはずなのに、と。残念ながらこの経営者は、わたしの演習が自分の生活や仕事にも通じるとは思わなかったのです。大学という管理された環境だからこそできることだと思ったようです。もちろん、そんなことはないし、そうであってはなりません。

人は誰しも、日々、自分自身に問題を出すことができます。つまり、世界を別のレンズ――問題に新たな光を与えることのできるレンズ――で見る、という選択ができるのです。問題は数をこなせばこなすほど、自信をもって解決できるようになります。そし

て、楽に解決できるようになると、問題が問題ではなくじつはチャンスだったのだと気づくのです。

ここで、わたしが最近経験した個人的な出来事を紹介しましょう。午前中に予定されていた講演の準備のために、朝の五時半に起きたのですが、真っ暗で周りがよく見えません。音を立てないようにベッドから降りて、寝室から出ようとしたところ、思いきり爪先をぶつけてしまいました。

全身に走る痛みに、苛々が募りました。講演準備の仕上げをするはずだったのに、それどころではないのです。階下のキッチンに急ぎ、冷蔵庫にあった冷凍豆の袋で冷やすことにしました。紫に変色した爪先を冷やしているところに、夫がやって来て、こう言いました。「どんな問題もチャンスになる、だよね！」。わたしがよく口にするフレーズですが、この状況では笑えません。チャンスどころではないのです。

でも、少し経って思い直しました。「いいわ。足をぶつけたことをチャンスに変える方法を考えましょう」と。シャワーを浴びているあいだに、いいアイデアを思いつきました。講演にこのエピソードを盛り込むことにしたのです。そのときの模様を抜粋します。

わたしは普段、講演をするときにスニーカーは履きません。でも、今朝、ひどく爪先をぶつけてしまいました。このアクシデントのおかげで、快適な靴を履ける絶

好の言い訳ができたわけですが、いいことはそれだけではありません。何でもない光景に隠されたチャンス——ひどく落胆するような出来事をバネに成長した企業について考えるきっかけになったのです。起業家は、まさにそうしています。ほかの人が問題だと思うところに、チャンスを見出すのが起業家です。

スラックは、メッセージ・プラットフォームで大成功していますが、もとはゲーム開発会社で、失敗から復活しました。ゲームはヒットしませんでしたが、ゲームに使っていた統合メッセージングのツールは最高でした。

写真共有アプリのインスタグラムにもおなじことが言えます。アプリの開発の失敗から見事に復活して現在があります。創業者のケビン・シストロムとマイク・クリーガーが最初に開発したバーブンは位置情報アプリで、友達とつながることを目指していましたが、ユーザーは定着しませんでした。二人は、このアプリ内で写真共有がよく利用されていたことに目をつけ、バーブンを捨て、写真共有に特化したアプリのインスタグラムを開発して大ヒットしたのです。わたしは爪先をぶつけて痛い思いをしましたが、おかげで、落とし穴に隠れているチャンスに気づく機会が得られました。

この後、わたしは予定していた講演に入り、チャンスを見つけ、モノにするという気概をもつことがいかに重要かを話しました。さわりの失敗談で会場が活気づき、私自身にもエネルギーが湧いてきたのには驚きました。失敗談がつかみとなって、講演のあいだ中、聴衆と信頼関係を築くのに一役買ってくれたのです。

最大のメッセージはこうです。**あなたが何を達成できるかは、あなたの気概次第です。――そして、あなたの姿勢をコントロールできるのは、あなたしかいません。本物のイノベーターは、困難な状況でも解決策を見出すものです。**

すばらしいお手本がジェフ・ホーキンスです。携帯端末「パーム・パイロット」で複雑なスケジュール管理に革命を起こしたジェフは、現在、脳の仕組みに関する認識に革命を起こそうとしています。

パソコンが出始めた頃、ジェフは一般の人に手に入りやすい携帯パソコンの開発に力を入れました。これは壮大な目標で、その実現には、技術と潜在的なユーザーを深く理解する必要がありました。その過程では、つぎつぎと問題にぶつかりました。起業家とは、たえず大きな問題にぶつかり、その都度、それを解決するための独創的な方法を見つけ出す人間だと本人も語っています。

ジェフは出だしから大きな壁にぶつかりました。最初に開発した製品「ズーマー」が無残な失敗に終わったのです。それでも、すごすごと引き下がりはしませんでした。

「ズーマー」を購入した顧客と、競合するアップル社の「ニュートン」（これも失敗作ですが）を購入した顧客に電話をかけ、どんな機能が欲しいか意見を聞いたのです。そのなかに、ごちゃごちゃした予定を整理して、いくつものカレンダーをひとつにまとめ、予定を一括管理できる製品が欲しい、という声がありました。これを聞いたジェフは、「ズーマー」のライバルが、ほかのコンピューター製品ではなく、卓上カレンダーだと気づいたのです。当初の思惑とは違いましたが、こうした意外な声を活かしたことが、次世代製品「パーム・パイロット」の爆発的なヒットにつながりました。

成功への道のりは平坦ではなく、あきらめてもおかしくなかった場面が何度もありましたが、創造のプロセスに困難はつきものとわかっていて、問題にぶつかっても負けない気概があったのです。

じつは、物事が順調に進み過ぎると、かえって不安になるといいます。すぐ近くに落とし穴があることがわかっているからです。二社目のハンドスプリング社を経営していたとき、自社開発のデジタル・アシスタント「Visor」の発売に向けて、すべてが順調に進んでいるようにみえましたが、ジェフは何かある、とスタッフに言い続けました。そして、何かは実際起きました。

最初の製品の発売を数日後に控え、一〇万台の出荷の手続きを終えました。やれやれと思ったところ、請求と出荷を管理するシステムが故障していたのです。注文した製品を受け取れない顧客もいれば、注文の何倍もの製品が送られてきた顧客もいました。これから評判を築こうという、新しい会社にとっては致命的とも言えるミスです。この危機にどう対処したのでしょうか？

ジェフをはじめ全員で手分けして、顧客ひとりひとりに電話をかけ、何台注文したか、注文どおりに届いたか、請求金額は正しいか、確認を取っていきました。正しくないことが起きれば、すぐさま修正していったのです。ジェフは、どこかでつまずくことがわかっていました。それが何なのかはわかりませんでしたが。自身の経験から問題は避けられないものであり、成功の秘訣はやたらと弾を打つことではなく、即座に挽回することだと知っていたのです。

ジェフが現在経営するヌメンタ社は、大きな課題に真正面から取り組んでいます。脳の仕組みを知りたいと長年、神経科学を独学で学んでいたジェフは、大脳新皮質が情報処理に果たす役割について、独自の理論を思いつきました。刺激的で説得力があるその理論は、『考える脳　考えるコンピューター』（ランダムハウス講談社）という著書にまとめられています。

ジェフはこの理論をもとに、人間の脳とおなじように情報を処理する「賢いコンピューター」の開発に乗り出しました。どの事業でもそうであったように、しょっちゅう問題が持ち上がりますが、それに怯《ひる》むようなジェフではありません。

もちろん、ジェフ・ホーキンスのような人は特別で、一般人には革新的な理論を編み出すことも、アッと驚く発明もできない、と思う人もいるでしょう。でも、ジェフを特別視するのではなく、ヒントにしたほうが、ずっと建設的なのではないでしょうか。見方を変えることを自分に許しさえすれば、問題は解決できるのです。

問題をチャンスに変えるにはどうすればいいか？　「イノベーション・トーナメント」から生まれたあるプロジェクトは、この点に光をあてています。参加者にはゴムバンドを渡し、制限時間内にできるだけ多くの価値を生み出す、という課題を出しました。あるチームは、ゴムバンドをリストバンドに見立て、「実行バンド」と称して、先延ばしにしがちなことを実行するきっかけにしてもらおうと考えました。[*1] これは巧みなアイデアですが、ヒントになったのが、リストバンドをつけて連帯を示す活動です。「実行バンド」には、いくつかの決まり事があります。

- 自分が実行することを決めて、バンドを手首につける。
- 決めたことを実行できたら、バンドを外す。
- 実行できたら、「実行バンド」のウエブサイトに記録する。ゴムバンドには一個一個に番号が印字されているので、ひとつのゴムバンドからどんな行動が生まれたか、すべて閲覧できる。

- 「実行バンド」をつぎの挑戦者に引き継ぐ。

「実行バンド」は何の変哲もないただのゴムバンドですが、前からやろうとしてできなかったことを実行するインセンティブになります。時には、ゴムバンドのようにシンプルなものが、人を突き動かすきっかけになるのです。「実行バンドキャンペーン」は、ほんの数日で終わりましたが、短期間にさまざまな行動を促しました。母親に電話した人もいれば、お世話になった人に「サンキュー・カード」を送った人もいました。新しいエクササイズを始めた人やサマーキャンプを立ち上げた人もいます。長年交流が途絶えている友人に連絡してみようと思いたった人もいれば、自分で選んだ慈善団体に寄付した人もいました。ゴムバンドひとつで、これほどの行動を巻き起こせると想像しただけでわくわくしませんか？

もうひとつ、はっきり言えることがあります。何もしないのと、何かをするという二つの選択肢を切り替えるのはほんの小さなスイッチですが、選択の結果は大きく違ってくる、ということです。環境保護活動家のルイス・ピューは、極寒の海を泳ぐことで注目を集め、海洋保護を訴えていますが、「決断ひとつで人生が変わる」[*2]と断言します。創造性の授業では、生活のなかで困っていることを違う視点から見てもらうための簡単な課題を出しています。まず困っていることをひとつ挙げ、身のまわりにあるモノを何でもいいから適当にひとつ選ぶよう指示します。つぎに、どうすれば、そのモノを使って困っていることを解決できるかを考えてもらいます。

学生が何に困っていて、どんなモノを選ぶのか、当然ながら、わたしにもわかりません。果たして首尾よく解決できるのかどうかも確信がもてませんでした。でも、ほとんどの学生が、適当に選んだモノを使って、なんとか問題を解決する方法を見つけ出したのです。対象を自分で選ぶことで、問題を違う角度から眺められるようになり、解決策を見つけるインセンティブになったのです。

お気に入りの例を紹介しましょう。ある女子学生はアパートの引っ越しを考えていましたが、大型家具をどうやって運んだらよいものか悩んでいました。家具を動かせなければ、置いていくしかありません。部屋を見回していたら、何週間か前のパーティで余ったワインの箱が目に入り、妙案を思いつきました。ネットのコミュニティ・サイトに「ベイブリッジの向こうのアパートまで家具を運んでくれたら、御礼にワインを一箱差し上げます」と書き込んだのです。

数時間もしないうちに、家具はすべて運び出されました。部屋の隅でほこりをかぶっていた残り物のワインが、貴重な通貨に化けたのです。学生はこの課題を出されたことで、問題は解決できるという見方ができるようになり、解決しようという気になったのです。

どんなタイプの問題でも、チャレンジすることはできます。じつは「イノベーション・トーナメント」は、多くのプロジェクトが「社会的価値」を生み出すよう工夫されています。学生たちはこの大会を、省エネや健康増進、障害児に対する地域ぐるみの支援など、社会的に重要な課題に取り組むチャンスと捉えています。

どんな大きな問題でも、解決するにはまず、何が問題なのかを特定することが最初のステップになります。製品企画では「ニーズの発掘」といいます。これは、学習して身につけることのできるスキルで、スタンフォードのバイオデザイン・プログラムでは必修科目のひとつになっています。[*3] バイオデザイン・プログラムでは、工学や薬学、経済学を学んだ大学院生が集まり、医療の現場で何が必要とされているかを一年間かけて見極め、それに対応した製品を設計します。

このプログラムを立ち上げ、指導するのは、心臓血管医で発明家で起業家でもあるポール・ヨックです。「特徴がはっきりしたニーズこそ、発明の素《もと》」だとポールは言います。言い換えれば、**問題を明確に定義できれば、その解決策はおのずとあきらかになるのです。**これはアルベルト・アインシュタインの格言にも通じます。

「持ち時間が一時間で、問題の解決に人生がかかっているとすれば、五五分は問題を特定するのに使う。適切な問題さえ特定できれば、ものの五分で解決できる」

バイオデザイン・プログラムの研究員は、三カ月間、影のように医師について歩き、医師がどんな問題を抱えているのかを見極めます。注意深く観察し、同僚の医師や看護師、患者、管理部門の担当者など関係者全員に話を聞いてまわり、改善すべき点を洗い出します。何百もの要望が並ぶ膨大なリストを少数に絞り込み、最終的にいちばん大きな問題を取り上げます。いったんテーマが決まれば、さまざまな解決策を考え、短期間でプロトタイプを作ります。集中してプロトタイプを仕上げると、主要な関係者に披露し、ニーズに応えているかどうか意見をもらいます。

面白いのは、現場にいる人ほど、日常的に問題にぶつかっているので、その状態に慣れ切ってしまい、問題に気づきもしないし、ましてそれを解決する独創的な方法など思いつかない、ということです。

ポール・ヨックはこんな逸話を教えてくれました。詰まった血管にバルーンを挿入して拡張する、バルーン血管形成術の顚末です。この画期的な手術法が考案されるまでは、動脈が詰まったら、バイパス手術をして使い物にならなくなった血管を取り除くしかないと考えられていました。そのためには開腹手術が必要で、かなりのリスクを伴います。

それよりリスクが低く、血管の奥まで挿入できるバルーン血管形成術が初めて紹介されたとき、医師のあいだでは、うまくいくのかという懐疑と、強い抵抗がありました。

動脈閉塞手術の権威とされる外科医ほど、強く反対しました。バルーン血管形成術の開発者の前に、巨大な壁が立ちはだかったようでした。たとえば、開発者のひとりのジョン・シンプソンは、勤務していた大学を辞めざるをえなくなり、民間の病院に移って研究を続けました。それでも、時が経つにつれて、バルーン血管形成術の効果が実証され、動脈閉塞では一般的な手術法になっていきました。この逸話は、常識が根強いために、現状をよく知る人ほど想像力をはたらかせられないことを示す格好の例だといえるでしょう。

「問題に気づかない」のは、消費者にもあてはまります。よく取り上げられる例ですが、ATM（現金自動預払機）がそうでした。開発当初、銀行の利用者を集めて、預金の引き出しや預け入れにATMを利用するかと尋ねたところ、利用しないと答えた人が圧倒的だったのです。当時は、どんな取引も窓口に行ってするのがふつうでした。利用者は、自分の行動を劇的に変えることなど想像もできなかったのです。振り返ってみると、ATMは個人取引を格段に便利にする革新的な機械で、なくてはならないものだとわかります。

私自身も、問題に気づかなかった経験があります。二五年ほど前、夫のマイクから携帯電話をプレゼントされました。一般に普及するかなり前のことで、自分に必要だとは思えませんでした。むしろ、使わないガラクタが増えて困る、くらいに思っていました。

夫からは試しに一週間だけ使ってみるよう勧められました。するとどうでしょう。二日もすると、手放せなくなっていたのです。移動中でも友人や同僚と連絡を取ることができるのです。夫がプレゼントしてくれたことに、心から感謝しました。そして、新しいアイデアに出会ったときには、この逸話を思い出し、ひょっとすると画期的なアイデアなのかもしれない、という目で見るよう心がけています。

ニーズを発掘するカギは、世の中のギャップを見つけ、それを埋めることです。ギャップにはいろいろあります。製品を使うときのギャップ、手に入るサービスのギャップ、人が自分の行動について説明するとき話のなかにあるギャップ……。

ニーズを発掘する達人のマイケル・バーリが、キンバリークラーク社との仕事について、とても面白い話を聞かせてくれました。キンバリークラークは、ティッシュの「クリネックス」や「スコット」、紙オムツの「ハギーズ」で有名です。そもそも同社がマイケルにコンサルティングを依頼したのは、紙オムツの売上が、P&Gの「パンパース」に大きく水をあけられていたため、原因を突き止め対策を講じるためでした。マイケルは「ハギーズ」のパッケージに書かれたメッセージを分析し、愛用者にインタビューするなどして、紙オムツがどのように売られているかを詳しく分析した結果、同社の売り方は的が外れていると結論づけました。紙オムツを、汚らわしい邪魔物のように扱っていたのです。親はそんな風に見ていません。オムツはわが子が快適に過ごすためのものです。紙オムツを扱うのも子育ての一環です。衣服の一部とも見ています。こうした発見をもとに、キンバリークラークは、「ハギーズ」のパッケージを一新し、ポジショニングを変えました。

さらに、徹底的に観察した結果、マイケルは大きなチャンスに気づきました。親たちは、周りから「まだオムツが取れないの?」と聞かれるのが嫌でたまらなかったのです。これは大発見でした。一生懸命トイレの訓練をしているのに、「まだオムツが取れないの?」と聞かれるのは、親にとっても子どもにとっても嫌なものです。これを逆手に取る方法があるはずです。オムツを「駄目なこと」の象徴ではなく、「できること」の象徴にするにはどうすればいいのか?

マイケルが思いついたのは、オムツとパンツのギャップを埋める商品「プルアップス」の開発でした。オムツから「プルアップス」に切り替えることは、親にとっても子にとっても、大きな一歩になります。「プルアップス」は、子どもがひとりで穿《は》くことができるので、それによって自尊心をもつこともできます。こうした事実に気づいたことで、キンバリークラークは紙オムツの年間売上を一〇億ドル増やし、ライバルを大きく引き離すことができました。ニーズの発掘に的を絞り、目の前にあった問題に気づき、それをチャンスに変えたことから新製品が生まれたのです。

わたしは授業で、ハーバード大学のシルク・ドゥ・ソレイユの事例研究を使って、学生に常識を疑うスキルを磨く機会を与えています。*4 時は一九八〇年代。当時、サーカス業界は苦境に陥っていました。サーカスといえば、公演の内容が決まりきっていて新鮮味がなく、観客動員数は減り続けていました。動物を虐待しているという批判も高まっていました。新しいサーカス団を立ち上げるのにいい時期とは、とても思えません。ところが、まさにこの時期に、カナダの大道芸人だったギィ・ラリベルテは、サーカス団を創設することを決意します。既存のサーカス団にかかる常識をことごとく覆してシルク・ドゥ・ソレイユを立ち上げ、そうすることで衰退産業という問題をチャンスに変えたのです。

授業ではまず、一九三九年の映画『マルクス兄弟　珍サーカス』のビデオを見せ、伝統的なサーカスの特徴をすべて挙げてもらいます。「大きなテント」、「動物による曲芸」、「安いチケット」、「土産物売り」、「一度にいくつもの芸」、「けたたましい音楽」、「ピエロ」、「ポップコーン」、「肉体自慢の男たち」、「フープ」。

つぎに、いま挙げた特徴を逆にしてもらいます。「動物は登場しない」、「高額のチケット」、「物売りはいない」、「一度に上演する芸はひとつ」、「洗練された音楽」、「ピエロはいない」、「ポップコーンもなし」。

つぎに伝統的なサーカスのなかで残しておきたいもの、変えたいものを選びます。こうして出来上がった新しいサーカスは、シルク・ドゥ・ソレイユ風になります。そして、つぎに、実際のシルク・ドゥ・ソレイユの最近の公演のビデオを見てもらいます。これで、自分たちが行なった変更が実際にどのような効果をもつかを検証できます。

何より重要なのは、思い込みを外し、常識を疑うことによって、現代の観客に合った斬新なサーカスがつくれる可能性があることに気づける点です。この事例からは、一八七一年創業で世界最高のショーと評された老舗サーカスのリングリング・ブラザーズ・アンド・バーナム・アンド・ベイリーが二〇一七年に解散に追い込まれた理由もよくわかります。

サーカス業界についてこの演習をやっておけば、ほかの業界や組織に応用するのは簡単です。ファストフード業界やホテル業界、航空業界でもできますし、スポーツ・イベントや教育、恋愛や結婚にあてはめてもいいのです。

コツさえわかれば、ちょっとしたメモに書き出して、自分の生活やキャリアを点検することも可能です。**大事なのは、時間をかけて、常識だと思われていることを洗いざらい挙げていくことです。じつは、いちばんむずかしいのが、この作業です。**バルーン血管形成術でも述べたように、常識はわたしたちの世界観にしっかり根づいていて、気がつかないことが多いのです。ただ、少し練習すれば使える方法で、選択肢を新鮮な目で見ることができるようになります。

数年来、わたしと共に教えている同僚のリッチ・ブラーデンは、最近結婚したばかりですが、この演習を結婚式のプランニングに取り入れることにしました。まず婚約者と一緒に、結婚で常識とされていることを五〇個ほど挙げていきました。結婚指輪、フォーマルドレス、白の花嫁衣裳、結婚の誓い、豪華なウエディングケーキ、プロの写真撮影、生バンドやDJ、花嫁へのキス……つぎに、これらをすべてひっくり返していきました。指輪はなし、カジュアルなドレス、絞り染めのTシャツを着用、誓いはなし、パイやアイスクリーム、スマホでの写真撮影、カラオケ、花嫁とのハイタッチ。

つぎに、常識となっているリストから残したいものを選び、他のものは変更をくわえ、自分たちらしいオリジナルの結婚式を企画しました。

常識とされていることをひっくり返す演習は、何にでも使えます。モーガン・マーシャルは、タホ湖近くのスタンフォードの山岳研修施設シエラ・キャンプで、長年ハウスキーピングの責任者を務めていました。モーガンは、ハウスキーピングの仕事を一から見直し、いちばん嫌な作業をいちばん好きな作業に変えてみようと考えました。

ご想像どおり、スタッフ全員が嫌がっていたのが皿洗いです。でも、モーガンは皿洗いを極上の仕事に変えました。皿洗いの担当になると、キッチンでかける音楽を選び、曲順も念入りに考え、テーマを決めて、それに合わせた服装をします。わたしが見かけたときは、妖精やディスコ・ダンサー、カウボーイの格好をしていました。

要するに、彼らは皿洗いをパーティに変えたのです。効率的に作業を進めるにはどうすればいいか、スタッフは頻繁に話し合いを重ねました。最終的に、全員が終わるまでは誰も帰れないと方針を決め、必要とあれば全員がパーティに参加することにしました。すると、スタッフ全員が、泡だらけの皿洗いの作業を楽しみにするようになったのです。

常識とされている前提を洗い出し、疑うことにたけている人たちがいます。一見、解決不能に思える問題を解決しようと努力するなかで、これが妥当だとか、これが可能だとされていることがほんとうにそうなのか試し、限界を突破しようとします。こうした人たちは、見知らぬ土地に生活拠点を移したり、壮大なプロジェクトに取り組んだり、過激に思える選択をしたりして、新たな道を切り拓き、未踏の領域へと踏み込みます。

そんな人たちを紹介しましょう。アン・ウォジスキーは23andMeの創業者。個人の遺伝子情報にアクセス権限をもつのは誰なのかを疑い、何年もかけてつぎつぎと常識を覆し、最終的に23andMeで遺伝子検査を個人に直接提供するサービスの開始にこぎつけます。政府の規制、遺伝子検査の方法、個人が自分の遺伝子情報を保有する意味など、さまざまな見直しが必要でした。

レイラ・ジャナはサマソースの創業者兼ＣＥＯ。途上国支援のあり方に疑問をもち、施しではなく仕事を与える支援を考えました。貧しい人々を慈善事業の対象としてみるのではなく、自立できるための仕事を与える方法を考えたのです。

パット・ブラウンはインポッシブル・フーズの創業者兼ＣＥＯ。同社は植物由来の人工肉を製造しています。パットが疑ったのは、人が食べたがっているのは動物の肉であるという常識でした。そして気づいたのです。人は動物を殺生したいから肉を食べたいのではなく、動物を殺生せざるをえないにもかかわらず肉を食べたいのだと。そこでインポッシブル・フーズでは、リバースエンジニアリングの手法で、ひき肉と見分けのつかない一〇〇パーセント人工肉を開発したのです。

常識を疑う人々の物語は、ＳＴＶＰの起業リーダー講演シリーズで毎週紹介されています。[*5]どの事例でも、起業家たちは現状に疑問を抱き、世界を新鮮な目で見ています。もちろん、その道のりは穴だらけです。ですが、それを見越して、穴は走りながら埋められるという気概をもって、道を切り拓いて成功に至っています。

こうした起業家については、尊敬はするけれど、自分はとてもおなじように飛躍できないと思いがちです。はるかに小さな挑戦でも、尻込みしてしまう場合が少なくないようです。転職する、町の向こうに引っ越すといったことすら、壮大な理念の会社を興したり、見知らぬ土地を旅したりするのとおなじくらいリスクがあると感じているのかもしれません。不確実性の高い別の選択肢を選ぶよりも、引きこもって、「そこそこいい」役割に甘んじるほうがずっと快適です。ほとんどの人は、小さく確実なステップに満足しています。それほど遠くには行けませんが、転ぶリスクを冒すこともありません。

自分の人生がうまくいっていないと思っていて、その原因を知りたいのであれば、常識を疑う演習を自分自身に試してみることをお勧めします。自分が時間をどう使っているか、また自分が当たり前だと思っていることをすべて挙げていき、「事前」リストを作成します。

毎朝何時に起床しているか、毎週何曜日に何時間働いているのか、通勤時間はどのくらいか、どんなタイプの仕事をしているか、どんな人と働いているか、運動の時間はどのくらいか、自由な時間は誰と一緒にいるか、夕食に何を食べるか、夜や週末に何をしているか、休暇にはどこへ行くか、給与のどの程度を貯蓄に回すか、どんな気持ちで一日を終えているか、何時に寝るか……。

自分の生活について思いつく限りのことを挙げて長いリストをつくり、自分が当たり前だと思っていることをできる限りあきらかにしていきます。

つぎに、すべての項目について別の選択肢を考えて、「事後」のリストをつくります。「事後」リストの内容は、「事前」リストの逆か、より徹底したものでなければいけません。たとえば、毎日二〇分運動をしているとすると、まったく運動しないか、ジムでトレーニングする、犬と走る、といった内容にするわけです。自由時間にテレビを見たり、編み物をしていたりする場合は、スープキッチン（無料食堂）でボランティアをする、スカイダイビングを学ぶ、即興劇の教室に通う、といった内容を書き入れます。

リストが完成したら、「事前」リストと「事後」リストの中身を入れ替えて、新しいシナリオをつくります。当たり前だと思っていることを、たったひとつ入れ替えるだけでも、あなたの生活は面白いように揺らぎます。本気で自分の思い込みを探りあて、見直そうという気があるなら、選択肢は無限にあることを肝に銘じておいてください。俳優で脚本家のアラン・アルダの言葉を借りれば、**「あなたの思い込みは、世界を見る窓そのものです。時々、汚れを落とさないと、光が入って来ないのです**[*6]**」**。

大きな問題を解決することで利益を得られるのは事実ですが、ランディ・コミサーは著書の『ランディ・コミサー　あるバーチャルCEOからの手紙』（ダイヤモンド社）のなかで、金儲けをしたいという動機ではなく、重要な問題を解決するという情熱をもつことが大事だと強調しています[*7]。違いを説明するために、大義を追い求める宣教師と、もっぱら自分と自分の利益のために働く商人とを比較しています。重要な問題にぶつかったとき、宣教師のような情熱で必死に解決策を見つけようとすることで、成功する企業が生まれるのです。

このメッセージは、やはり起業家で著書もあるガイ・カワサキの言葉、「カネを稼ぐよりも、意義を見つけるほうがいい」に通じるものがあります。[*8] 最初から金儲けを目当てに事業を立ち上げると、おそらくカネも儲からないし、意義を見つけることもできないでしょう。大きな問題を、これまでにない方法で解決して使命を果たすことを目標に掲げるほうが、儲かる可能性はずっと高いのです。

これまでに紹介してきた起業家やベンチャーキャピタリスト、投資家と、授業で五ドルやクリップ、左右の違う靴下を渡され、できるだけ多くの価値を生み出すという課題を出された学生には、どんな関係があるのでしょうか？

関係は大いにあります。どの例も、問題を見つけ、常識を徹底的に疑うことによってその問題を解決すれば、大きな見返りがある、という考え方を裏づけています。このプロセスが怖くない、というわけではありません。怖いのです。やってもうまくいかないリスクはつねにつきまといます。電気自動車テスラの創業者で世界的な発明家のイーロン・マスクはインタビューでこう言っています。

「じつは、怖さを強く感じる。……ただ、怖くても、これは大事だからやるしかないときがある」[*9]

問題とそれとは裏腹のチャンスはいたるところにあり、工夫して解決してやろうという気概をもつ人たちを待っています。問題を解決するには、さまざまなものが必要です。鋭い観察力、しっかりとしたチームワーク、計画を計画で終わらせない実行力、失敗から学ぼうとする前向きな心、そして独創的な解決策。でも、**まず必要なのは、問題は必ず解決できる、という気概を持つことです。**自分自身の経験からも、また学生を見ていてもそう思うのですが、問題と格闘した経験を積み重ねていけば、解決策は必ず見つかる、と自信が持てるようになるものです。

わたしは数年前、未来の起業家のための一週間集中講座で教えるために、スコットランドを訪れました。主催したのは、スコットランド企業研究所のジェイムズ・バーローで、国内から五〇人の大学生が集まりました。学生の専攻は、犯罪学から化粧品までじつにさまざまでした。ほとんどの学生は、起業家とは縁遠く、起業家精神がどういうものか考えたこともありません。

最初に、新しい製品やサービスを考えて販売せよ、という課題を出したところ、それだけで怖気づいたようでした。各チームには夕方六時に元手として五〇ポンドを渡します。制限時間は一八時間。学生を安全で快適な場所から引っ張り出し、実社会にふれてもらうのが狙いです。学生たちは、家に帰りたくなった、と口ぐちに言いました（言わなくても、顔にそう書いてあるのですが）。でも、全員がこの課題に食らいつきました。やればできるものだ、と当人たちも驚くほどでした。あるチームは、突然の雨で困っている人に傘をさしかける「傘さしサービス」を始めました。地元のバーで即席のスピード・デート・コーナーを設けたチームもありました。人通りの多い街中で靴磨きスタンドを開き、交代で靴を磨いたチームもありました。

でも、この課題はほんの手始めに過ぎません。一週間のあいだに、挑戦しがいのある課題をつぎつぎと出していきました。新聞記事を検索して問題を見つける、その問題についてブレインストーミングで独創的な解決策を考える、新しい事業を企画する、顧客となりそうな人たちにインタビューする、コマーシャルを制作する、そして、有力経営者のまえでプレゼンテーションする。一週間の集中講座が終わる頃には、どんな課題でもかかって来い、と言えるだけの気概ができていました。

とくに印象に残っているチームがあります。女子学生ばかり三人のチームでした。三人とも、およそ起業とは無縁でした。最初の課題を出したときには青くなっていましたが、一週間の講座が終わる頃には、すばらしいアイデアを思いつき、審査員から高く評価され、投資家から出資を得られることになったのです。

彼女たちが思いついたのは、体にぴったりフィットしたブラジャーを探してくれる、出張サービスでした。このサービスを思いついたのは、店頭では恥ずかしくて、結局、サイズの合わないブラジャーをしている女性が多いことに気づいたのがきっかけです。コマーシャルにも味があって、これはイケる、と誰もが納得する出来でした。

最終日にひとりの女子学生がこう言いました。「できないことなんてない、ということがわかりました」。この学生も、ほかの学生もみな、すばらしいことを成し遂げるのに必要なスキルのほとんどを持っていました。わたしたちはただ、身近な問題はチャンスに変えられるのだという確かな証拠を示し、ほんの少し背中を押しただけなのです。
　この話と通じますが、フリージャーナリストのジャレド・リンツォンは、初めてスカイダイビングに挑戦して、怖さを克服したときのことをニューヨーク・タイムズ紙にこう語っています。[*10]
「やめたい、うまくいかなかったらどうしよう、ケガするかもしれないと恐怖が襲ってきたけれど、それを克服して挑戦し終わったとき、この世でいちばん恐ろしいことに挑戦し、死なないとわかった途端、世の中に怖いものなんてほとんどないと気づいたんだ」

第3章

ビキニを着るか、さもなくば死か

ルールは破られるためにある

有名な心理学者のＢ・Ｆ・スキナーは、かつてこう言いました。人間の行動はすべて、個人の欲求か、種の欲求か、社会全体のルールに適応したものになる。[*1]

ただし、これらの三つの要素はぶつかり合うことが多く、そのために強い緊張が生じます。社会がつくったルールは、隅々まで張りめぐらされています。ルールを決めるのは、政府や宗教団体、企業、学校、隣人、家族など。日常生活では、何をすべきか指示する物理的なサインに囲まれ、どうふるまうべきかを書いた指南書があふれ、行動を一定の範囲に収めるよう促す社会の指針があります。こうした社会的なルールや規範は、そもそも世の中を秩序立て、予測を立てやすくして、互いを傷つけ合わないようにするためにつくられてはいるのですが。

コミュニティが明確なルールをつくっているがために、このルールを破りたい衝動に駆られることがあります。個人の欲求を満たしたり、種の欲求に駆り立てられたりして、ルールを破りたくなることがあるのです。

じつは、わたしたち自身も、たいていは他人に促される形でたくさんのルールを自分で決めています。生きているうちに、こうしたルールが染みついています。自分に何ができるかを考えるときにも、自然と自分を枠にはめています。頭のなかで決めたこの限界は、社会に課されるルールよりもずっと強制力が強いものです。

自分がどんな人間かを説明するとき、人は職業や所得、住んでいる場所や持っている車、卒業した大学について語ります。誕生日の星座を持ち出すこともあります。どの属性にも決まったイメージがあるので、自分が何者なのか、何ができるのか、について、型通りの考え方しかできなくなります。

これで思い出されるのが、映画『My Dinner with Andre（アンドレとの夕食）』の有名なセリフです。ニューヨーカーは、「看守でもあり、囚人でもある。そのため……自分たちがつくりあげた監獄を出られないし、監獄だと気づくことすらできない」[*2]。

わたしたちは、自分で自分の監獄をつくってしまっているのです。互いにルールを課し、決まった役割を押しつけています。可能性は限りなくあるのに、一歩踏み出そうとはしません。固定観念を外したら、どうなるでしょうか？　決まった道を外れると、どんな影響――良い影響と悪い影響――があるのでしょうか？　ルールを破った人はどうなるのでしょうか？

グーグルの共同創業者のラリー・ペイジは、講演のなかで、「できないことなどない、と呑んでかかることで、決まりきった枠からはみ出よう」と聴衆を鼓舞しています[*3]。できるだけ大きく考えるのです。小さな目標を決めるよりも、大きな目標を掲げたほうが楽なことが多い、とペイジは指摘します。小さな目標の場合、達成する方法は限られます。それをはみ出るとうまくいきません。これに対して大きな目標の場合は、時間や労力をかけ、いろいろな方法を試すことができます。これは面白い指摘です。

サンフランシスコから南極に行く方法を考えてみましょう。経路は何通りもあります。それなりの時間やお金がかかるのは承知のうえ。計画どおりにいかなければ、臨機応変に対応するでしょう。これが町の反対側に行くのだと、通る道は決まっていて、できるだけ早く着くことしか考えないのではないでしょうか？　なんらかの理由で、その道が通行止めになっていたら苛々してきます。

大き過ぎて挑めない問題などはないとして、周りの意見もどこ吹く風で、自分の生きたい場所にさっさと旅立つ人がいます。その好例がリンダ・ロッテンバーグです。「あなたはどうかしている」と人から言われたら、いい線を行っている証拠だと考えます。リンダが二〇年前に立ち上げた「エンデバー」は、途上国の起業家を支援するすばらしい組織に成長しました[*4]。

当時のリンダはイエール大学のロー・スクールを出たばかりで、あるのは、見捨てられた地域の経済開発を刺激したい、という情熱だけでした。がむしゃらにゴールを目指し、支援を取り付けるために、有力経営者の「追っかけ」までやりました。「エンデバー」の活動は南米から始まり、いまではトルコや南アフリカなど世界中に広がっています。エンデバーでは、厳正な審査で、すぐれたアイデアと実行力のある起業家を選抜し、必要な資源を与えます。起業家が受け取るのは資金ではありません。その地域で先導役になってくれそうな人材も紹介してもらえます。ほかにも起業に関する集中講義が用意され、おなじ地域で困難な道を切り拓いた先輩起業家も紹介されます。事業が軌道に乗れば、地域社会で雇用を創出し、ゆくゆくはエンデバーの先輩として未来の起業家を助けることが期待されています。

元気が出る例として、ブラジルの起業家レイラ・ベレズを紹介しましょう。レイラは、リオデジャネイロを見下ろす丘にあるスラム街ファヴェーラで、清掃員としてぎりぎりの生活をしていました。でも、レイラには起業のアイデアがありました。ブラジルには、縮毛をなんとかしたいという女性が大勢います。レイラと義理の妹のヘロイサ・アシスは、縮毛をカーリーヘアに変えるヘアケア製品を思いついたのです。

何年も試行錯誤を繰り返し、ときには大失敗もしましたが、ようやく納得のいく製品ができました。リオデジャネイロに開いたサロンは大人気。そこで、フランチャイズ展開したいと考えるようになりました。そんなときに知った「エンデバー」が、この夢の実現のために手を貸してくれたのです。こうして生まれたベレザ・ナチュラル社は、いまや三〇〇〇人の従業員を抱え、五〇あまりの製品を販売し、年間数百万ドルを売り上げる企業に成長しています。

これは何百とあるエンデバーの成功例のひとつに過ぎません。わたしは数年前、二年に一度のエンデバー最高会議に出席したのですが、会場の熱気と興奮に圧倒されました。どの参加者も、自分が必要とする手段と成功するためのヒントを授けてくれたことをエンデバーに感謝していました。「あなたはどうかしている」と言われて怖気づいていたら、起こりえないことでした。

じつはエンデバーの創設者のリンダは、この体験を本にまとめていますが、その副題には「どうかしているは褒め言葉！」と記されています。

「不可能に思えること」に挑戦するうえで、いちばん邪魔になるのは、周りから「できるわけがない」と端から決めてかかられることです。ニコラス・シアは、まさに身をもってそれを体験しました。二〇〇二年に「スタートアップ・チリ」を創設したばかりのニコラスは、チリ初の個人間の融資プラットフォーム「カンプロ」を立ち上げました。事業開始からわずか三カ月後、大きな障害にぶちあたります。事業を続けたら監獄行きだと銀行監督官に脅されたのです。[*5] チリの銀行規制は既存の大手銀行を守るためにあり、起業家が制度の改善を目指して参入する余地はないことをニコラスは思い知りました。

そして、この板挟みをあらゆる角度から検討した結果、悟ります。制度を変えるには、開かれた心の持ち主を政治の世界に送り込むしかないと。そこで実際に立候補する方法を調べたのですが、既存政党の支援がなければ、恐ろしく手間がかかるシステムなのは明白でした。ひどく官僚的で、膨大な書類が必要で、時間もお金もかかるのです。どうりで政治家に立候補したい人も、立候補できる人も少ないわけです。

ここでニコラスは突拍子もないことを考えます。誰でも政治家になれるとすればどうか？　このアイデアを煮詰め、誰でも立候補して選挙資金を調達できる仕組み、個人間融資のカンプロのようなプラットフォームをつくることを考えました。そして、スペイン語で「全員」を意味する「トード（Todos）」という新政党を立ち上げます。党の理念は、誠実、協力、尊重、透明性、説明責任とシンプルで、誰でも党員になることができます。

政党として公認されるには三万五〇〇〇人の署名が必要で、署名はひとつひとつ公証人役場で認められなければなりませんが、公証人役場は国内に数えるほどしかありません。ニコラスはみずから各地の公証人役場の前に立ち、通行人に声をかけ、多様なイデオロギーを包括する新政党に賛同する署名を求めました。この戦術が功を奏し、国内の一五地区のうち四つの地区で必要な署名を集めて公式政党として認められました。

つぎのステップは候補者選びです。最初に名乗りをあげたのは、ラジオ番組をもつ有名コメディアンでした。これは願ってもないことでしたが、本格的に政界に進出するにはもっと候補者が必要です。考えあぐねた末、ニコラスは党首を辞め、みずから立候補する決断をします。

二〇一七年三月一日、ニコラスは、公式の「大統領の予備候補」になりました。それまでやっていた活動をすべてやめ、新たな役割を引き受けました。国内を飛び回り、多様なバックグラウンドをもつ市民に語りかけ、自分たちが掲げる理念への理解を訴えました。自分以外に、上院に七人、下院に七人の立候補者も揃えました。

ニコラスに近い人たちの多くは、頭がおかしくなったと案じました。妻も母も十代の娘も、お願いだからやめてくれと懇願しました。でも、彼にはわかっていたのです。民主主義が機能するために必要なのは、誰でも政治に関与することができること、関与すべきであることを。怖くなかったわけではありません。どんな世界に関わろうとしているのかわかっているのかと友人に問い詰められて、泣き出したほどです。それでも、やらねばならないこと、人生でいちばんの挑戦になると自覚していたのです。

結局、トード党からは一人も当選することはできず、党として存続可能な最低得票数を満たすこともできませんでしたが、ニコラスは自分たちの挑戦に誇りをもち、早期の党の再建を目指しています。この例からわかることがあります。民主主義を民主化する、といった壮大な目標を掲げるのであれば、その過程で避けられない障害を克服するために、具体的なステップに落とし込むことが不可欠なのです。

大きな問題に取り組むのは、確かに大変です。でも、いったんやると決めたら、従来のやり方を変えようとするのもおなじくらい大変です。ここでも、いくつかルールを破ることが役に立ちます。

以下に紹介する演習では、ルール破りを意外な方法で実践してもらいます。まず、グループごとに、関係のある課題を設定します。たとえば、電力やガス会社の経営幹部のグループなら社内で省エネをいかに実践するか、劇場関係者なら観客をいかに動員するか、学生であれば新しいレストランのアイデアを考えるといった課題です。つぎにグループを少人数のチームに分け、最初に挙げた課題の解決策として、最高の案と最悪の案を各チームに考えてもらいます。

最高の案とは、問題が見事に解決できそうな案。最悪の案とは、成果が上がらず利益も出ず、かえって問題が悪化したりするような案です。話し合いがまとまれば、「ベスト」と「ワースト」とラベルを貼った紙に、それぞれの案を書いて提出してもらいます。つぎにわたしがベストの案を読み上げます。山の上のレストランで日が沈むのを眺めるように、だんだんと盛り上がります。最高潮に達したところで、「ベスト」の案をシュレッダーにかけます。受講者たちはショックを受け、気分を害します。

つぎに、「ワースト」の案が書かれた紙をシャッフルして配り直します。各チームは、ほかのチームが最悪だと判断した案を手にするわけです。そして、「この最悪の案を練り直して最高の案にしてください」と指示します。するとどうなるか？　どんなにひどい案かと思って見てみると、案外いい案に化けそうなことに気づくのです。「これは使える！」という声があがります。

電力会社の幹部に「社内の省エネのアイデア」を考えてもらったところ、あるチームの最悪の案に「従業員ひとりひとりに使用電力を割り当て、それを超えたら罰金を徴収する」というものがありました。この案が回ってきた別のチームは、ひとひねりして、使える案にしました。従業員に使用可能な電力量を割り当てる点は変えず、それを下回った場合は現金で払い戻し、上回った場合は料金を徴収するのです。割当量が余った場合は、同僚に売ってもかまいません。こうすると、もっと節電する気が起きそうです。基本的には、一部の企業で活用されている「キャップ・アンド・トレード」モデルに似たプログラムをつくったわけです。

この演習を、スタンフォードのアート・イベントの企画担当者にもやってもらいました。課題は、いかに観客動員数を増やすか。あるチームが最悪の案として出してきたのは、「スタッフみずから出演するショーを企画する」というものでした。いまは世界中から一流のアーティストを招いているので、その逆を行けばいいと考えたわけです。

この最悪案が回ってきたチームはどうしたか？　発想を変えました。もっと大きく捉えて、募金のための大規模イベントを企画し、スタッフに限らず学内の教授や職員が出演者になって多彩な芸を披露してもらうことを提案したのです。これなら普段はアート・イベントに足を運ばない人たちを大勢呼び込むことができるし、ほかのプログラムにも注目してもらえそうです。

この演習で最悪のビジネス・プランを考えてもらうと、つぎつぎとアイデアが湧いてきました。「南極でビキニを売る」とか、「ゴキブリ寿司が目玉のレストランを開く」、「心臓発作を起こす美術館を開く」といった案もありました。どのケースでも、最悪とされた案は、実際のビジネスとして検討してもいいのではないかと思うくらいすばらしい案になりました。

たとえば、南極でビキニを売る案が回ってきたチームは、「ビキニを着るか、さもなくば死か」というキャッチフレーズで、ダイエットしたい人たちを南極旅行に連れていく企画を考えました。過酷な旅が終わる頃には、ビキニが着られる体形になっているはずです。ゴキブリ寿司の案を担当したチームは、英語のゴキブリ（コックローチ）をもじった「ラ・クカラチャ」という名のレストランを開くことを思いつきました。好奇心旺盛なお客を相手に、健康にいい食材をネタにした変わり鮨を提供しようというのです。心臓発作を起こす美術館という案を担当したチームは、健康と予防薬をテーマにした美術館を思いつきました。どのチームが考えた事業も、スローガンも、CMも、とても説得力があるものでした。

この演習は、何か問題にぶつかったとき、先入観をもたずに自由な発想で解決策を考えるのに、とてもいい方法だと思います。一見、バカげていたり、愚かしく思えたりするアイデアにも、少なくとも一粒の実現可能性があることを示しているからです。

アイデアには、「良い」か「悪い」かしかないと思いがちですが、そうした思い込みを取り払ってくれます。そして、心構えさえしっかりしていれば、どんなアイデアにも、どんな状況にも、なにがしかの価値があることを示してくれているのです。たとえ「ビキニを着るか、さもなくば死か」と銘打った南極ツアーまで実施しなくても、これをたたき台にして、実現する可能性がもっと高いアイデアを思いつくことができるのです。

　昔からの親友のジョン・スティゲルボートは、大学院に願書を出す際に、良いとされるアイデアの逆を行く作戦を取りました。ふつうなら最悪だと思うようなことをして、教授に印象づけたのです。ジョンがビジネススクールに行こうと思いたったとき、ほとんどの大学院が願書の受付を締め切った後でした。追い詰められたジョンは、常識破りの方法で自分の願書を目立たせようと考えました。ふつうはすばらしい業績を並べるものですが、ジョンは、親友であり刑務所で同房だったと称する元教授の推薦状をつけたのです。

　推薦状に書かれた人物評は、およそ審査委員がこれまでお目にかかったことがないような、常識的にはひどい内容でした。長所として、ゲップで瓶のフタが開けられる、などといったことが書かれていました。ところが、これを読んだ審査委員は、ジョンを候補から外すどころか、ぜひ会ってみたいと面接に呼んだのです。ジョンの厚意により、その推薦状をお目にかけましょう。

わたしとジョン・スティゲルボートの出会いは、グレイハウンド・バスでした。彼は酔いつぶれて、バスの後部の床で寝ていたようです。周りには発泡スチロールのカップやキャンディの包み紙が散らかり、タバコの吸い殻が山盛り。手には空の酒瓶を握っていました。わたしは彼の親友です。セブン－イレブンに盗みに入って捕まった後、おなじ刑務所に入ったので囚人仲間でもあります。

救世軍で心のこもった食事をした後、連れ立って伝道集会に行ったことがあります。そこで、おなじ女の子に目をつけました（スティゲルボートは敗北と屈辱を快く受け入れました。負け慣れているのです）。

若き起業家を支援するジュニア・アチーブメント・カンパニーや家族経営のクリーニング店がお困りでしたら、彼のすばらしい資質がお役に立てると思います。あくびをするときには黄ばんだ歯を隠し、屁をこくときには窓を開けます。指笛で大きな音をたて、ゲップで瓶のフタを開けることもできます。シャワーは月に一度。使えるときは石鹸を使います。

バス停のトイレで寝なくて済むように、彼には居場所が必要です。大酒呑みで、変わった性癖を持っていても、初日からクビにされない大企業で職を見つける必要があります。

変わった性癖を持つ人間は、独創的で何ものにもとらわれない発想をするものです。彼の考えはまったく独創的なもので、じつは何も考えていないのかもしれません。

この男は酒のためとあらば、何でもします。働くことだってするかもしれません。刑務所を出たいま、どこかの大学院が面倒を見てくれたとしても、保護観察官は気にはしないと思います。彼はアウトローのオートバイクラブ「ヘルズ・エンジェルズ」のリーダーで、仲間はみな、ホワイトカラー犯罪に手を染めると言っています。

バスの後ろの床に寝転がっていた連中のなかでは、この男が最高です。

全体的な印象としては、わたしがもっともらしく言うほど良いわけではありません。彼の代わりにシカゴに行けるように、わたしを刑務所から出してください。

ワシントン州ワラワラ、ワラワラ州立刑務所

囚人番号　三三五三四二号　ブフォード・T・モートン

ジョンが面接に現れると、奇抜な願書を出してきた男を一目見ようと、誰もが自室のドアを開けて覗きました。意外にも、ジョンは礼儀正しく、落ち着いていました。そし

て、なんと入学を許可されたのです。

アイデアに「悪い」ものなどない——そう考えられたらブレインストーミングは成功です。実際ブレインストーミングをする際には、駄目なアイデアなどというものはないと、はっきり示すことが重要です。実現の可能性がなければ価値はない、という思い込みをなくす必要があるのです。

奇抜なアイデアを大歓迎すれば、人に話す前にアイデアを編集してしまうクセはなくなります。提案された当初は、非現実的で、突拍子もないと思われたアイデアでも、長い目で見ればいちばん面白かった、ということはよくあります。最初の数回ではうまくいかないかもしれませんが、ほんの少し工夫すれば、実行可能なすばらしいアイデアへと変わるのです。

実際にブレインストーミングを成功させるには、多くのスキルが必要です。それには練習を積み重ねるしかありません。大事なのは、最初に大きな方針を決めて、それを徹底することです。

参考になるのが、デザイン会社ＩＤＥＯのゼネラル・マネジャーで、デビッド・ケリーの弟でもあるトム・ケリーが書いた『発想する会社！』（早川書房）です。このなかでＩＤＥＯのブレインストーミングのルールが紹介されていますが、とくに重要なルールが、ほかの人のアイデアを発展させていくことです。この方法をとれば、最終的に自分が最高のアイデアを生み出したとか、最高のアイデアに貢献したと思える人が増えていきます。そして、その場の誰もが、どのアイデアにも関わることができ、アイデアが進化していく様子を目撃するチャンスがあります。そうしたアイデアは、周りが応援して実現に向かうものです。

とはいえ、実際にブレインストーミングに参加した経験があるなら、そんな風にうまくいかないことはご存知でしょう。言い出しっぺは自分だ、このアイデアは自分のものだ、という感覚からは、なかなか抜け出せません。他人の意見を参考にして議論を発展させるのも、そう簡単ではありません。『スタンフォード・インプロバイザー――一歩を踏み出すための実践スキル』(東洋経済新報社)を書いたパトリシア・ライアン・マドソンが考案した演習は、「アイデアに悪いものなどない」と「ほかの人のアイデアを発展させる」という二つの命題を両立させ、強化します。

まず、二人ずつペアを組み、ひとりがパーティのアイデアを考え、ペアの相手に提案します。提案されたほうは、どんな案も却下し、ダメな理由を答えなければなりません。たとえば「土曜の夜にパーティをしよう」と誘われたら、「ノー。美容院に行かなくてはいけないから」などと答えるのです。これを二、三分続けると、提案するほうは苛々してきますが、その一方で、なんとか相手にイエスと言わせるアイデアを思いつこうと頑張ります。しばらくしたら役割を交代し、いままでノーと答えてきた人が、パーティのアイデアを考える役になります。提案されたほうが、今度はすべてイエスと答え、何か付け加えなければなりません。たとえば「土曜の夜にパーティをしよう」と言われたら、「そうしましょう。わたしはケーキを持っていくわ」などと答えるわけです。

これをしばらく続けていると、思いも寄らない飛躍が起きます。パーティが開かれる場所が海中だったり、地球外の惑星だったり、見たこともない料理や、奇抜な余興が用意されたりすることになります。その場のエネルギーが高まり、気持ちが高揚し、数え切れないほどのアイデアがつぎつぎ生まれます。

よくできたブレインストーミングなら、その場がこうしたエネルギーに満ちているはずです。もちろん、どこかの時点で、何が実現できるかを判断するのですが、「アイデアを思いつく」段階では、そうすべきではありません。アイデアを上下逆さまにしたり、裏返しにしたり、常識から外れてもいいのです。ブレインストーミングが終わる頃には、アイデアの幅の広さに驚くはずです。どんな場合でも、掘り下げていれば、いずれ大化けするアイデアのタネが、少なくとも二、三個はあるものです。

アイデアを思いつくには、可能性の海を探索しなければならない、ということを肝に銘じておいてください。大胆なアイデアを思いつくのにお金がかかるわけではないし、責任を取る必要もありません。わたしたちが無意識に課してきたルールを破ればいいのです。そのために、自然の法則が異なり、あらゆる制約が取り払われた世界を想像するのです。この段階が終われば、「開発」の段階に移り、さらに掘り下げるアイデアを選びます。この段階では、思いつく段階よりも批判的な目で見られるようになります。

ルール破りは、どんな組織でも、どんなプロセスでも起こりえます。配車サービスのリフト、民泊サービスのエア・ビー・アンド・ビー、映像配信サービスのネットフリックス、民間ロケット・宇宙開発のスペースX。これらはすべて、それぞれの業界で長らく常識とされていた前提を覆しました。

リフトが覆したのは、赤の他人とおなじ車には乗らないという地域交通に関する常識。エア・ビー・アンド・ビーが覆したのは、自宅のベッドや部屋を赤の他人に貸したくない、という常識。ネットフリックスが覆したのは、映像配信会社は自前のコンテンツを持てない、という常識。スペースXが覆したのは、宇宙探査は民間ではなく政府がやるべき、という常識です。これらの企業はどれも、それぞれの業界を揺るがし、豊かなチャンスへと続く扉を開いたのです。

ルールは破られるためにある――まさに、この考え方を集約したのが、「許可を求めるな、許しを請え」というお馴染みのフレーズです。ほとんどのルールは、ある世界で最低限守るべきものとしてつくられていて、右も左もわからない人にとってはヒントになります。たとえば映画業界に入るとか、会社を興すとか、大学院に行くとか、選挙に立候補するとか、何でもいいのですが、どうすればいいか人に尋ねたら、その道に詳しい人からいろいろな方法を教えてもらえるでしょう。映画業界に入るならエージェントや元手も必要です。大学院に行きたいなら試験を受けて、入学を許可してもらわなければなりません。

大多数の人はこうした手順に従いますが、なかにはそうでない人もいます。脇道に入ることによってルールを迂回し、通常のハードルを飛び越え、目標に到達できる独創的な方法があることを覚えておいてください。ほとんどの人が高速に乗るために幹線道路で延々と続く渋滞にはまっているとき、目的地に早く着くために抜け道を探そうとする冒険心の持ち主はいるものです。それとおなじです。

もちろん、ある程度のルールが設けられているのは、安全を確保し、秩序が守られ、大多数の人々に都合のいいプロセスをつくるためです。ですが、**ルールを疑ってみる価値はあります。いつも通る道がふさがっていたとしても、ルールを迂回して脇道を通れば目的地にたどり着けることだってあるのです。**

これに関連して、「エンデバー」のリンダ・ロッテンバーグが、アドバイザーから聞かされた教訓を紹介しましょう。戦闘機のパイロットの訓練生二人が、教官から受けた指示を互いに披露し合いました。ひとりが「飛行時のルールを一〇〇〇個習った」と言うのに対し、もうひとりは、「わたしが教えられたのは三つだけだ」と答えました。一

○○○個のパイロットは、自分のほうの選択肢が多いと内心喜んだのですが、三個のパイロットはこう言いました。「してはいけないことを三つ教えられたんだ。あとは自分次第だそうだ」。

この話の要点は、すべきことをあれこれ挙げていくよりも、絶対にしてはいけないことを知っておくほうがいい、ということです。そして、ルールと助言の大きな違いも教えてくれています。助言を吹き飛ばしてしまえば、ルールはぐっと少なくなります。リンダはエンデバーの運営にこれを活かしています。事業はフランチャイズ方式ですが、してはならないことを三つだけ指示し、あとはすべて各事業主に任せています。

ここでハイテク業界を離れて、まったく違う分野において、ルールを破ることで大きな価値を生み出した例を見てみましょう。この一〇年ほど、料理や調理法、さらには食べるという行為そのものを大胆に見直したレストランが注目を集めています。新世代のシェフたちは、伝統的な調理法ではなく、実験的な「分子料理法」を使って意外な方向に料理の枠を広げています。実験室から持ち込んだ器具や材料を使って、客の五感を揺さぶります。

シカゴのレストラン、モットの調理場には、風船やビーカー、ドライアイスが用意されていて、奇抜でありながら味の確かな料理がふるまわれます。店で出される「味わい深いメニュー表」は、イタリア料理のパニーニでできていて、実際に食べることができます。モットのシェフは料理の常識を覆そうとしています。パック詰めのピーナッツのように見える料理は、宅配便の箱に入れてテーブルまで運ばれます。トウモロコシ・スナックにしか見えないデザートは、じつはチョコレートと冷凍マンゴーとチーズケーキでできています。食材を意外な形や味に変えて、料理とはこういうものだという客の想像を大きく裏切ることを狙っているのです。

シェフのひとり、ベン・ロシェによると、目指しているのは客の五感に訴えるサーカス。そのために、食材の下ごしらえから完成した料理の盛り付けに至るまで、常識とされていることを徹底的に見直し、斬新な調理法を開発しました。料理を食べる際のナイフやフォークまで、自分たちでデザインしています。これは是非とも覚えておいて欲しいのですが、自宅の台所で料理を作るときも、自分のキャリアを考えるときも、「かくあるべし」というルールは破ってもいいのです。ルールがあれば安心ですが、それが足《あし》枷《かせ》になることもまた多いのですから。

ルールを破る方法はほかにもあります。自分自身に対する期待や、周りからの期待を裏切るのです。わたしたちは、あなたには何々はできるけど、何々はできない、あるいは何々はしてもいいけど、何々はしてはいけない、と言われて育ちます。自分自身でも、これは得意だけど、これは苦手だとか、こうあるべきだという風に思い込んでいます。

日々、学生と接していると、それがよくわかります。おなじ場所にいるのに、本人が自分の人生をどう思い描いているかで意欲がまったく違うのです。自分で自分に課してしまった枠を取り払いなさい、と背中を押してあげると、可能性が大きく広がることに気づきます。

いま教えている学生や卒業した教え子たちに、周囲の期待を裏切った体験談を話してもらったことがあります。学校や職場、あるいは旅先で問題にぶつかったときの話をつぎつぎと披露してくれましたが、数年前に卒業した学生が、それまでの話を一言でずばりまとめてくれました。「**『決まりきった次のステップ』とは違う一歩を踏み出したとき、すばらしいことが起きる**んですね」。踏みならされた道は、誰でも通ることができます。でも、予想もしなかった曲がり角を曲がり、何か違うことをしようとしたとき、そして、周りがお膳立てしてくれたルールに疑問を持とうとしたとき、面白いことが起きます。用意された道にとどまるのは楽なものですが、その角の先にある意外な世界を見つける方がずっと面白いものです。

ルールに疑問を抱いてもかまわないとわかれば、俄然、力が湧いてきます。従来どおりのやり方は選択肢のひとつに過ぎないことを覚えておいてください。ふだんはレシピどおりに料理し、幹線道路を通り、踏みならされた道を歩いても一向にかまいません。でも、常識とは何かを疑い、見直してみると、そして、自分に投影された自分自身や周りの期待は裏切ってもかまわないと思えれば、選択肢は限りなく広がります。

快適な場所から踏み出すことを恐れないで。不可能なことなどないと呑んでかかって、月並みな考えをひっくり返してください。先ほどの学生が学んだように、「決まりきった次のステップ」でないことをするには練習が必要です。やればやるほど、選択肢の幅は自分が思っていたよりもはるかに広いことがわかるはずです。あなた自身が制約を取り払い、エネルギーを解き放ち、想像力を広げれば、どこへだって行けるのです。

第4章

財布を取り出してください

機が熟すことなどない

わたしの父は現役時代、有能な企業幹部でした。技術者から出発し、マネジャー、経営幹部へと出世を重ね、いくつかの世界的大企業で要職を務めました。父が副社長から執行副社長、上級執行副社長へと昇進を重ねていく姿を、わたしは当然のように思っていました。判で押したように、ほぼ二年おきに昇進したからです。わたしにとって、父の経歴はまぶしくもあり、良きお手本だとも思っていました。

だから、わたしが新しい名刺を見せたときの父の当惑ぶりには面喰らいました。名刺には「社長　ティナ・L・シーリグ」と書いてありました。わたしは自分の会社を興し、名刺をつくったのです。父は名刺をしげしげと眺めた後、こう言いました。「自分で自分のことを社長なんて名乗れないよ」。

父の経験からすると、誰かが引き上げてくれない限り、トップになどなれないのです。自分で自分を指名することなどできません。父は誰かに引き上げられて初めて大きな責任をもつ地位につける世界にどっぷりつかってきたので、わたしがみずから社長を名乗るなど、あってはならないことだったのです。

父のような考えの持ち主には、何度となく遭遇しました。たとえば三〇年前、わたしが本を書くつもりだと友人に打ち明けたとき、「どうして、本なんて書けると思うわけ？」と驚かれました。彼女に言わせれば、本を書くなどという大それたことは、誰かエライ人のお墨付きでもなければしてはいけないことでした。

でも、わたしには自信がありました。たしかに大それた目標です。でも、やってみない手はありません。当時、料理の科学をテーマにした一般向けの読み物はありませんでした。わたしが読みたいのに、そういうものがない。じゃあ、自分で書けばいい、と考えたのです。わたしはその道のプロではありませんが、科学者なので、追々勉強すれば材料はなんとかなると思いました。詳しい企画書をつくり、試しに何章か書いてみました。それを持って出版エージェントを回り、ついにサイエンティフィック・アメリカン誌との契約にこぎつけたのです。

こうして処女作が出版されることになったのですが、宣伝らしい宣伝をしてくれない出版社にはがっかりしました。そこで著者にとっては本の宣伝になり、読者にとっては関心のあるテーマの本の情報が手に入るサービスを思いつき、起業することにしたのです。このときも、「どうして起業なんてできると思えるわけ？」と何人にも言われました。たしかに起業はわたしの身の丈を超えた挑戦でしたが、なんとかなると思っていました。こうして一九九一年にブック・ブラウザを立ち上げました。インターネットのウェブが生まれる数年前のことです。わたしの頭にあったのは書店の顧客向け検索システムで、「本と読者をつなぐ」ことでした。

まず、マックのパソコンでハイパーカードを使って試作品を作りました。ハイパーカードは、現在のウェブ上のリンクとおなじように一枚のカードを別のカードとリンクさせることができます。このカードを使って、著者名や書名、ジャンルをリンクをたどって検索できるようにするのです。自分で書店をまわって店内に端末を置いてくれるよう掛け合い、同意を取り付けました。出版社の担当者にも何十人と会って、出版物をシステムに載せてもらうようはたらきかけました。そして、これで行ける、と確信できたところでプログラマーを雇い、本格的に製品化しました。「君ならできる」とか、「こうすべきだ」とか、誰かに言われたわけでもありません。……わたしはただ、やったのです。

そのうち、人間は二つのタイプに分かれることがわかってきました。自分のやりたいことを誰かに許可されるのを待っている人たちと、自分自身で許可する人たちです。自分自身の内面を見つめて、やりたいことを見つける人がいる一方で、外からの力で押されるのをじっと待っている人もいます。

わたしの経験からいえば、**誰かがチャンスをくれるのを待つのではなく、自分でつかみに行ったほうが良い面がたくさんあります。**埋められるのを待っているすき間はつねにあり、チャンスが詰まった金塊は地面に転がっていて拾われるのを待っているのです。机にばかりかじりついていないで、たまには顔をあげ、窓の外を眺めましょう。通りの向こう側や角に、何か見つかるかもしれません。でも、金塊は、それを拾おうという前向きな気持ちをもっている人のために、そこにあるものです。

ポール・ヨックは、まさにそのことに気づきました。前にも紹介したように、ポールはスタンフォード・バイオデザイン・プログラムの責任者です。所属は医学部で、工学部とは文字どおり通りを隔てた向かいにあります。ポールが気づいたのは、医学部と工学部が共同で医療技術の開発に取り組んでいないために大きなチャンスを逃している、ということでした。当時、医学部の関係者は、患者のケアを向上させる製品やプロセスを開発するのに、技術者を必要としていました。そして、向かいの工学部の技術者は、自分たちのスキルを活かせる差し迫った問題を探していました。

どんな形で協力できるのか、さまざまな関係者が数カ月間、協議を重ねました。医学部と工学部では、研究の中身も使われる用語もかなり違っているので簡単には進みませんでしたが、最終的にひとつの案にまとまりました。こうして生まれたのがバイオデザイン・プログラムなのです。

おなじ時期に同様の共同研究を立ち上げたグループはほかにもあり、こうしたグループがバイオXというひとつの大きな傘の下に集まることになりました。壮大な構想だったため、実行に移され成果を出すのに何年もかかりましたが、生産的な学際研究として、医学部と工学部の校舎のあいだに専用の立派なビルが建つまでになっています。このプログラムからは数百の貴重な医療機器と四七の新会社が生まれ、世界各国の患者のＱＯＬ（生活の質）向上に大いに貢献しています。

この逸話が物語っているのは、通りの向こうでチャンスが見つかることもある、ということです。顔をあげて、通りの向こうを見さえすればいいのです。ポールはそうしろと誰かから言われたわけでもありません。そうすべきだと自分で気がつき、実行したのです。

決まりきった道から外れるには、自分のスキルがほかの分野でどう活かせるかを考えてみるのもいいでしょう。元々そこにいる人たちは、ほかの分野との共通点になかなか気づかないものです。それは明らかにする必要があります。それぞれの分野で使われる用語はまったく違っているのに、やっていることは驚くほど似ていることがあります。

科学者と経営コンサルタントだってそうです。わたしは神経科学で博士号を取得した直後、バイオテクノロジーのスタートアップ企業で働こうと決めました。唯一の問題は、研究者としてではなく、マーケティングや戦略部門で働きたい、ということでした。その分野では何の経験もないのですから、無理だと思われました。企業が求めているのは即戦力になる人材です。わたしは何カ月も面接を受け続けました。いい線までは行くのですが、最終的に採用されることはありませんでした。

そんなとき、世界的なコンサルティング会社ブーズ・アレン・ハミルトン（ブーズ・アレン）のサンフランシスコ支社の責任者に紹介してもらえることになりました[*1]。わたしとしては、この責任者に気に入られて、同社の顧客である生命科学関連の会社に推薦してもらおうというつもりでした。ところが、会うなり、こう言われたのです。「神経科学で博士号をとった人間が、どうして優秀な経営コンサルタントになれると思うのか」と。「経営コンサルタントになろうとは考えたこともない」と正直に話すこともできました。でも、失うものなど何もないわたしは、とっさに、脳の研究と経営コンサルティングがいかに似ているかを話していたのです。共通点は、差し迫った問題を特定し、関連データを集め、それを分析すること。そして、結果のなかからとくに興味深いものを選び出し、説得力のあるプレゼンテーションを考え、次なる喫緊の課題を決めることなのだと。その日の午後、改めて面接に呼ばれ、夜にはブーズ・アレンでの採用の打診がありました。もちろん、わたしは喜んで受けました。ビジネスのイロハを学び、さまざまな業界について知るうえで、経営コンサルタントはうってつけの職業でした。そして、科学者として受けた教育も活かせました。ときには必要に迫られ、ときには好奇心から、わたしはこうした無謀といわれる挑戦を何度も繰り返してきました。その都度、自分のスキルを組み換え、新たなチャンスをつくったのです。神経科学者がどんな経緯で技術者に起業家精神を教えることになったかと聞かれれば、「話せば長いのよ」と答えるしかありません。

自分で自分を引き上げる方法はほかにもあります。誰かが切り捨てたアイデアに目を

つけ、それを何らかの役に立つものに変える方法を見つけるのです。他人が迂闊《うかつ》にも投げ捨ててしまったプロジェクトは、磨けば光る原石かもしれません。前にも言いましたが、価値がよくわかっていないか、徹底的に掘り下げる時間がないために、アイデアを捨ててしまう場合があります。こうして切り捨てられたアイデアは、有望であることが多いのです。

マイケル・ディアリングは、ディズニーの企画部門からキャリアをスタートさせました。その後、みずから小売事業を立ち上げたもののうまくいかず、ネットオークションの大手、イーベイに入ることになります。最初に与えられた仕事はたいして面白くなかったため、空いた時間に、社内で開発されたもののお蔵入りした機能、誰かに発掘されるのを待っているアイデアを見直してみようと考えました。

二〇〇〇年のことですが、当時、イーベイでは、追加料金二五セントを払えば、標準的な出品リストに、出品物の写真を添付できるサービスが導入されたばかりでした。マイケルは、このサービスの利用者が一割に過ぎないことに気づきました。そこで、このサービスを分析してみると、写真付きの出品物のほうが、写真のないものよりも、より早く、より高い価格で落札されていることがわかりました。説得力のあるこのデータをもとに、写真サービスのマーケティングに力を入れた結果、利用率は一割から六割に上昇し、イーベイの年間売上高は三億ドル増加しました。

この話のポイントは、マイケルが誰かに指示されたわけではなく、自分で埋もれていた金塊を見つけ、それを掘り起こした結果、めざましい成果が上がった、ということです。会社は最小のコストで、莫大な利益をあげられたわけです。

じつはマイケルが身近に眠れる資源に目をつけたのは、これが初めてではありません。子どもの頃から、有名人に手紙を書いては、返事をもらうのを楽しみにしていました。たいてい返事が来ました。いまだにこの趣味は続いていて、これはと思う人にせっせとメールを送っています。ほぼ一〇〇パーセント返信がくるそうです。長い付き合いになることもしばしばで、そのなかから面白いチャンスに恵まれたりもします。

マイケルが自分から相手に何かを求めるようなことはありません。最初は相手がしてくれたことへのお礼であったり、業績をたたえたり、単純に質問したりするだけです。場合によっては、自分がお役に立てることはないかと申し出ることもあります。人と接するのに、声をかけられるのを待ったりしません。自分から動くのです。

何の仕事でもそうですが、仕事に就くとき、その仕事だけが与えられたと考えるのではなく、建物に入る鍵を渡されたと思ったほうがいいでしょう。鍵を開けて、どこに行くかはあなた次第です。**与えられた仕事だけしかやらない人は、自分のやる気も能力もここまでだと周りに宣言しているようなもので、毎年おなじことを繰り返すだけに終わ**

ります。そうではなく、組織に少しでも貢献しようと努力する人は、大きな挑戦ができるものです。

では、どうやって埋めるべき穴を見つけるのでしょうか？　じつは、それほどむずかしいことではありません。第一段階は観察眼を身につけること。dスクールの同僚が開発した演習は、チャンスの見つけ方のポイントを突いています。[*2] まず参加者に自分の財布を取り出してもらいます。つぎに二人一組になって、互いに財布について質問してもらいます。自分の財布のどこが好きか、どこが嫌いか。とくに注目するのが、買い物するときの財布の使い方や、財布に何を入れているかです。

面白いのは、最初に各自が財布を取り出したときです。すっきりした薄い財布もあれば、紙類でぱんぱんに膨らんだ財布もあります。財布もファッションの一部と考えている人もいれば、写真やレシートなど何でも詰め込んでいる人もいます。なかには、クリップでお札を留めただけの人もいます。財布はただのお金の入れ物なのではなく、使う人によって違う役割をもっているのです。

インタビューでは、各自がどんな使い方をしているのか、財布とは何なのかが明らかになります。物足りない財布をうまく使うための変わった工夫までわかります。自分の財布に何の不満もない、という人はまずいません。つねに何かしら改善できる点があるものです。じつは、いつも持ち歩いている財布に、何らかの不満を感じている人がほとんどです。大きさが気に入らないとか、探し物がなかなか見つからない、というのも不満のタネです。時や場所によって、使い分けたいという人もいます。

インタビューが終わると、ペアの相手である「顧客」のために、新しい財布をデザインして作ってもらいます。材料は、紙やテープ、マーカー、はさみ、クリップなどのありふれたものです。ほかにも、部屋のなかにあるものは何を使ってもかまいません。制限時間は三〇分。試作品が仕上がったら、顧客に「売り」ます。たいてい、いちばん不満だった点が解消されています。アイデアが気に入って、お金を払って購入したい、という人もでてきます。必要なときにお札を刷ってくれる財布、といったSFまがいの奇抜な要望もありますが、優秀なデザイナーなら、すぐに実現できる要望も多いのです。

この演習から、いくつもの教訓が引き出せます。第一に、財布はあくまで象徴にすぎず、解決すべき課題はいたるところにあります。ズボンの後ろのポケットのなかにすらあるのですから。第二に、こうした問題を掘り起こすのに大した手間はかかりません。じつのところ、不満に思っていることや悩みのタネを、人は喜んで話してくれるものです。第三に、試しに解決策を提案することによって、すぐに率直なフィードバックが得られます。労力も資源も時間も、それほど使わなくていいのです。そして最後に、**たとえ解決策がうまくいかなくても、大したコストではありません。とにかく、やってみること。それに尽きます。**

わたしは、大小さまざまなグループに、この演習をやってもらいました。子どもにも試してみましたし、医師や経営幹部にもやってもらいました。テーマは財布から傘や名札などに変えましたが、どのケースでもうまくいきました。どのグループの参加者も、どんなものにも改良できる点がある、という単純な事実に気づいて驚いていました。財布や傘だけでなく、ソフトウエア、レストラン、ガソリンスタンド、車、服、コーヒーショップなど、さまざまなことに応用できます。課題に出されなくても、自分ひとりでやってみることはできます。

じつは、成功した起業家はみな、こうした演習を無意識に実践しているのです。どこかに改良できる点はないか、つねに目を光らせ、家庭や職場、食料品店、飛行機の機内、海岸、病院、野球場……いたるところに穴を見つけて、それをチャンスに変えています。

財布の演習は製品デザインに的を絞ったものですが、おなじ方法はサービスや経験、組織構造を見直す場合にも使えます。dスクールでは、学生に考え方の根本的な見直しを迫り、幅広い経験の機会を与えるプロジェクトを考えています。アメリカの初等教育からインドの農村部の灌漑《かんがい》、革新的な組織管理まで、幅広いテーマを取り上げます。改良すべき点があるはずだと思って観察すると、無限の可能性に気づくはずです。それをチャンスととらえて挑戦するかどうかを決めるのは、あなた次第です。

世の中には、積極的に課題に挑み、リーダーの座をつかむのが得意な人がいます。この点については、ワシントンを拠点とする世界的なアドバイザリー会社、ロスコフ・グループのCEOのデビッド・ロスコフとその著書から多くのことを学びました。著書の『超・階級《スーパークラス》』（光文社）では、一般の人よりも力があり、影響力の大きい人たちに注目しています。*3 社会の中枢にいて、年に一度、スイスのダボスで開かれる世界経済フォーラムで交流を深めるトップ・リーダーの人間像に迫っています。こうした人たちと、わたしたち一般人の違いはどこにあるのか、デビッドに尋ねました。デビッドが挙げた資質の多くは、本のなかでリーダーたちが挙げている点と重なっていました。トップに昇り詰める人たちは、そうでない人たちよりも精力的に働く。前に進もうとする推進力が大きい。目標を達成する意欲が格段に強い。かつて世のリーダーたちは、富や人脈を親から受け継いでいましたが、いまはそうではありません。大多数の人が、自力で大きな成功をおさめています。

その意味するところは何か？　成功を阻む最大の障害は自己規制だ、ということです。デビッドはこんな風に言っています。**「並外れた業績を達成した人々の最大の味方は、ほかの人たちの怠慢である」**。

デビッド自身がこうした資質の持ち主であり、誰かがチャンスをくれるのを待つのではなく、当然のごとくチャンスをつかみに行っています。最初に立ち上げた会社のインターナショナル・メディア・パートナーズでは、有力経営者を集めた会議の企画を事業の柱にしました。できたばかりの会社が、いまをときめくやり手の経営者をどうやって一堂に集めることができるのか？

デビッドらは、ヘンリー・キッシンジャーの講演を目玉にしようと思いたちました。でも、どうすれば、キッシンジャーに来てもらえるのでしょう？　どうにか事務所を探しあて、講演をしてもらえないか打診したところ、スタッフにこう言われました。

「講演をするのは問題ありませんが、料金は五万ドル。プライベート・ジェットに二人のパイロットと、運転手付きリムジンをご用意ください」

元手がないのですから、講演料はいくらであっても払えません。それでもデビッドは、「わかりました。用意します」と答えました。ヘンリー・キッシンジャーさえ連れて来られれば、あとは万事うまくいく――デビッドはそう踏んでいました。そして実際、そうなったのです！

キッシンジャーの講演が決まると、レーガン政権の国務長官のアレクサンダー・ヘイグ、カーター政権の国務長官のエドマンド・マスキーも来てくれることになりました。その後も著名人が講師に名を連ねました。こうしたきら星のごとき講師陣の顔ぶれを見て、CEOたちも次々と参加を表明しました。そのおかげで、スポンサーを募り、講師全員に支払う講演料を上回る協賛金を手に入れることができました。

デビッドにとって、キッシンジャーと面識がないことも、元手がないことも、障害にはなりませんでした。自分にあるもの――エネルギー、懸命に働く意欲、そして思い描いたことを是が非でも実現させようとする強い意志をうまく活用することによって成功できたのです。

話はさらに続きます。インターナショナル・メディア・パートナーズでデビッドの同僚だったジェフリー・ガーテンが第一次クリントン政権で商務次官に就任し、そのジェフの推薦で、デビッドも商務省の国際貿易担当次官補に就任することになりました。大きな執務室が与えられ、大勢のスタッフもつきます。一流のポストに思えました。でも二週間そこそこで、ジェフの執務室を訪れ、もう辞めると言い出しました。お役所体質が我慢できなかったのです。何をするにも時間がかかりすぎて、やりたいことができない。そう言うデビッドをジェフは散歩に連れ出して、こんなジョークを聞かせました。

昔、ゴールドバーグという名の男がいた。どうしても金持ちになりたかった彼は、来る日も来る日もシナゴーグに通い、宝くじに当せんさせてくださいと祈った。だが、何年経っても一向に当たらない。ゴールドバーグもとうとう堪忍袋の緒が切れ、「神よ、あなたには心底失望させられました」と言ってしまった。すると突然、沈黙を破り、神の厳かな声が響いた。「ゴールドバーグよ。汝はわたしに手を貸すべきだ。汝は少なくとも宝くじを買えるではないか」。

ジェフは、デビッドもすでにわかっていることを思い出させようとしたのです。宝くじは買わなければ当たらない。ワシントンで成功したいなら、ワシントンのくじを買うしかないのだと。誰かが成功するためのツールを授けてくれるわけではありません。オフィスに戻ったデビッドは、誰かの指示を待つのではなく、自分の直観に従って仕事を進めることにしました。すると、埋めるべき穴がいくらでもあり、自分が使える資源も豊富にあることに気づいたのです。

この話にはすばらしい結末があります。商務省を去って一年後、デビッドはヘンリー・キッシンジャーの個人事務所の責任者になりました。キッシンジャーを会議に呼ぶことを夢見た新参者が、ついにビジネス上のパートナーになったのです。

デビッドは、自分自身の人生にも、また本を書くにあたって調査したリーダーたちの人生にも、こうした話が何度も繰り返されていることに気づきました。**成功している人たちは、自分自身を成功に導く道を見つけ出しているのです。**何か秘訣があるわけではないし、密約があるわけでもないし、魔法があるわけでもありません。デビッドが取材した人たちにはそれぞれ、指紋のようにひとりひとり違った個性的な物語がありました。共通しているのは、そのときどきのトレンドに目を向け、自分のスキルを活かして影響力を拡大している点です。歴史に動かされるのを待つのではなく、歴史を動かす方法を見つけているのです。

自分のスキルの幅を広げ、積極的にリスクを取って新しいことに挑戦しようとする人のほうが、自分のスキルや才能はこれだと決めつけ、決まった役割に徹する人たちにくらべて成功する可能性がずっと高いことは、多くの調査で示されています。スタンフォード大学心理学部のキャロル・ドウェックはこの点を広範に論じていますが、そのなかで、自分が得意なことはこれだと決めつけるタイプの人は、得意なことを増やして成長しようという人にくらべて、長い目で見て成功する確率がかなり低くなることをあきらかにしています。

キャロルは、自己評価に焦点をあてた研究を行なっています。自分ができることはこれだ、という固定的なイメージを持っている人は、そのイメージが揺らぐようなリスクを取ろうとはしません。これに対して、**できることを増やそう、という成長志向の人は、自分の掲げた目標を達成するために、リスクを取ることをいとわず精力的に動く傾向があります。新しいことに積極的に挑戦して、自分の可能性を伸ばします。**その過程で、まったく新しい分野が拓けてくるのです。

まずは目標を立てることから始めましょう。出発地はどこでもよく、目的地にたどり着く方法について物語を考えます。わたしは、この作業を助けるためのエクササイズを考案しました。題して「プロフェッショナル・ハピネス・デザイン」。現在の自分を確認し、こうありたい自分を思い描き、目標にたどり着く方法を考えます。以下のような質問に答えていくことで、その作業を進めます。

自分の核となる価値観は？
自分が優先することは？
自分の強みとなるスキルは？
自分が刺激を受け、やる気になることは？
自分の短期的な目標は？
自分の長期的な目標は？
見果てぬ夢とは？
個人的に助言、監督してくれそうな人は？
ロールモデルは？
どんな知識の蓄積が必要？
どんなスキルを学ぶべき？
どんな資質を磨きたい？

基本的には、いまの自分を認識し、こうありたいという目標を設定することで、目標を達成するための舞台が準備されることになります。ボニー・シミはまさにこれを実践しました。一四歳のときに学校の講演会で聞いた講師の大胆な「To Doリスト」に刺激を受け、自分自身の目標リストをつくることにしました。いい大学に行く、オリンピックに行く、テレビのレポーターになる、パイロットになる。なんとボニーは、これらをすべて実現し、ひとつひとつリストから消していったのです！

ボニーにとって、これらは簡単に手が届く目標だったわけではありません。カリフォルニアの片田舎でシングルマザーの家庭で育ち、公的支援も受けていたのですから。それでも、ボニーに言わせれば、「夢は持たなければ、かなわない」のです。ボニーは早くに目標を定め、その後で、その目標に連れていってくれる風をつかまえる方法を見つけたのです。

では、オリンピックにはどうやって行ったのでしょうか？　最初は大学のエッセイを活用して、一九八〇年のオリンピックの聖火ランナーに応募し、カリフォルニア代表に選ばれました。オリンピックに参加するため大学を一学期休学したのですが、出番が終わると自由時間がたっぷりあります。そこで八ドルの受講料で氷上そり競技リュージュの初級講習を受けることにしました。この競技なら自分にもできそうです。何の経験もありませんが、意欲だけはあります。ならば最高のコーチのトレーニングを受けようと、今度はドイツに飛びました。誰に招かれたわけでもなく、彼女はただその場に現れたのです。

彼女の熱意を知ったコーチは、ドイツのナショナルチームでトレーニングすることを許可しました。五二回連続でクラッシュした後、ようやくソリから落ちないコツをつかみ、毎日少しずつ進歩しました。三カ月後にアメリカに戻る頃には、全米一のリュージュ選手になり、なんと次の一九八四年の冬季オリンピックでは全米チームの一員に選ばれたのです。大胆な目標を設定し、それを達成する方法を見つけ、小さな進歩を重ねていく――ボニーはおなじやり方で、テレビのレポーターになる、商業用パイロットになる、というほかの目標も達成することができました*4。

何かを成し遂げようと思ったら、その方向に動き出すことです。ただ自分にそうする許可を与えればいいのです。組織に穴がないか探す。自分が欲しいものを求める。自分のスキルと経験を活かせる方法を見つける。いち早く動いてみる。過去の実績を乗り越える。

チャンスはつねにあり、見つけられるのを待っています。誰かに声をかけられるのを待ちながら慎重に様子を見るのではなく、背伸びしてチャンスをつかみに行くのです。がむしゃらにやらなければならないし、エネルギーも使います。意欲も必要です。でも、それこそがリーダーをリーダーたらしめている資質であり、指示待ちの一般人とは違っているところなのです。

第5章

シリコンバレーの強さの秘密

失敗は財産になる

わたしは学生に「失敗の履歴書」を書くことを義務づけています。私生活や仕事上での失敗、あるいは学問上の主な失敗をまとめて履歴書にするのです。ひとつひとつの失敗の経験から何を学んだかも書いてもらいます。学生はうまくいったことだけを目立たせる履歴書の書き方に慣れているので、この課題を出すと面喰らいます。

でも、失敗の履歴書を書き終えると気づきます。失敗というレンズをとおして自分の経験を見ることによって、自分が犯してきた過ちを受け入れられるようになるのだと。その証拠に、昔の教え子たちの多くは、何年経っても、一般的な成功の履歴書と並行して、失敗の履歴書を更新し続けています。

この課題のアイデアは、ペンシルベニア州立大学のリズ・キーセンウェザーから拝借しました。アイデアを初めて耳にしたとき、これは使える、と思いました。失敗から学べるものが大きいことを手っ取り早く示せるからです。とくに少々背伸びして自分の能力を伸ばそうとしたとき、何かに初めて取り組んだとき、あるいはリスクを取ったとき、失敗から学べることはたくさんあります。

経験者が採用されるのは、成功体験があるからだけではありません。失敗の経験が貴重でもあるからなのです。挫折すれば学習するし、おなじ間違いを繰り返さないよう気をつけるでしょう。**失敗は、その人がスキルを広げる挑戦をした証でもあります。じつは、失敗したことがないのは十分なリスクを取っていないからなのです。**

この本の草稿を何人かの学生に読んでもらったところ、わたしの失敗の履歴書を見本として入れるべきだ、との指摘を受けました。そこで、私自身の大きな失敗をまとめた簡易版の履歴書を公開することにします。これまでの四〇年間に、この履歴書を更新してくれればよかった、といまになって思います。自分が都合よく忘れていた過ちを思い出し、そこから学ぶことができたら、どんなにかよかったでしょう。

ティナ・L・シーリグ

◆仕事上の失敗

注意力が足りなかった　駆け出しの頃は、組織の仕組みをわかったつもりになっていた。企業文化を正しく理解していなかった。頭であれこれ考えるのではなく、もっと観察に時間をかければよかった。

見切りをつけるのが早すぎた　自分の会社を経営するなかで壁にぶつかった。技術面でも組織運営の面でも非常に厳しく、自分で打開策を見つけるには大変な苦労が予想された。そのため見切りをつけて会社を売却してしまったが、自分を信じて何が何でも解決するともう少し頑張るべきだった。

◆学問上の失敗

ベストを尽くさなかった　大学の最初の二年は、すべての授業に真剣に取り組んだわけではなかった。授業を最大限に活用するチャンスを逃してしまった。このチャンスは取り戻すことができない。

人間関係がうまくいかなかった　博士課程のときのアドバイザーとの関係に苦労した。わたしは教育に時間をかけたかったが、アドバイザーは研究に時間を取るべきだと考えていた。二人の目標をすり合わせればよかった。

◆私生活での失敗

争いを避けた　大学時代はボーイフレンドがいたが、卒業後の進路のことで二人ともストレスが溜まっていた。二人で話し合うことなく、わたしから関係を終わらせてしまった。そのときの自分の気持ちを、素直に話すことができればよかった。

自分の心の声に従わなかった　ニューヨークの叔父が亡くなったとき、わたしはカリフォルニアに住んでいた。わざわざ葬式に行くことはないと周りから言われて、参列を見合わせた。そのことをいまだに悔やんでいる。人生には、どうしてもやらずにはいられないことがあることを学んだ。あのときは、自分で飛行機を手配して、周りに負担をかけないで行くこともできた。

心理学と公共問題で著名なプリンストン大学教授、ヨハネス・ハウスホファーが最近、学生に公開した失敗の履歴書によると、成功への道は誤算と落胆の連続だったということです。この履歴書はオンラインで公開され、一般の人たちも読めるようになっていて、過去数十年のあいだに得ることのできなかった職、否定された研究論文、失敗した資金調達のすべてが詳細に記されています。

教授にとって最大の失敗は何だったのでしょうか？　この失敗の履歴書の閲覧数が、過去の研究論文の累計閲覧数を上回ったことでした！[*1]

リスクを取ろうとする意欲と、失敗に対する反応は、国によって大きく違います。失敗したときの打撃が大き過ぎて、個人がリスクに対して強いアレルギー反応を示し、一切リスクを取ろうとしない文化があります。こうした文化では、失敗が「恥」と結びついていて、若い頃から、成功の確率が高い既定路線を歩むよう教育されています。失敗して恥をかくようなことには挑戦しようとしません。タイのように、失敗を何度か重ねると、人生を丸ごとやり直すために、名前まで変えてしまう社会もあります。実際、二〇〇八年の北京オリンピックでは、重量挙げで優勝したタイの選手が、「名前を変えたおかげで勝てた」とインタビューで答えていました。

グローバル・アントレプレナーシップ・モニター（GEM）[*2]では、リスクを取る意欲と失敗に対する許容度に注目して、年に一度、世界各国の起業状況に関する詳細な報告書を発表しています。この調査結果から、社会全体のリスク許容度を左右する重要な要素がわかってきました。

たとえばスウェーデンなどの国の破産法では、会社が倒産した場合、経営者は債務から逃れられません。事業に失敗すれば、自分や家族に長期にわたる厳罰が待ち受けているということが、起業意欲を損なう大きな要因になっています。おなじくらい失敗に対して容赦のない国は、ほかにもあります。こうした国では、一度失敗すると、友人や隣人、同僚から失敗者の烙印を押されます。

ウォール・ストリート・ジャーナル紙で、債権の取り立て人が債務者を侮辱する国が取り上げられていました。[*3]スペインでは、取り立て人が奇抜な格好で債務者の自宅に押しかけることがあるそうです。近隣住民の注目を集め、債務者に恥をかかせようというのです。こうした文化では、社会的に馬鹿にされる危険を冒してまで、あえてリスクを取ろうとする人はいなくなります。

組織論と起業家精神を研究するボブ・エバーハート教授は、日本の破産法の改正が国内の起業活動に及ぼした影響を調べました。日本は経済を活性化するため、企業の倒産に伴うもっとも重い負担を取り除いたため、この法改正は自然実験と捉えることができます。調査の結果は、失敗のコストが引き下げられて以降、失敗のコストが高かったときにくらべて、起業が活発になっていることを示しています。*4

シリコンバレーでは、失敗はイノベーションのプロセスの一部として、当然のことと受け止められていて、**失敗こそシリコンバレーの強さの秘密だと受け止められています。**ランディ・コミサーは、「失敗を財産と見られるかどうかが、起業家が生まれる土壌の目安になる」と言います。また「一度も挫折したことのない人を見ると、経験から何かを学べたのだろうかと不思議に思う」とも言っています。

もちろん、好き好んで失敗する人はいません。とはいえ、ごく基本的なレベルでは、誰もが失敗を重ねながら学んでいます。赤ん坊はどうやって歩き方を覚えるのでしょうか？　大人は歩けるのが当たり前だと思っていますが、赤ん坊はハイハイから始めて、つかまり立ちするようになり、何度も転んでようやく歩けるようになります。キャッチボールや計算も、おなじように失敗を繰り返しながら練習を重ねるうちにできるようになります。子どもに対して、何ごとも最初から完璧にできることなど期待しません。だとすれば、むずかしいことに挑戦しようという大人に対して、最初から万事うまくいくはずだと期待するのはおかしいのではないでしょうか。

失敗を経験し、成功も経験するなかでこそ、しっかりと深く学ぶことができる。わたしはそう考えるようになりました。自分でやってみもしないで学ぶことはほとんど不可能です。いろいろ試してみれば失敗も避けられませんが、そこから学ぶことがあるはずです。サッカーの規則を読んだからといってサッカーができるわけではないし、楽譜が読めたからといってピアノが弾けるわけでもありません。レシピを眺めただけでは、料理をつくることはできません。

わたしにも覚えがあります。神経科学を学んでいた大学院生だった頃のことです。神経心理学の原理が学べる講義をいくつか取りました。筆記試験には合格したものの、顕微鏡の下で実際に神経を切り、小さな電極を取り付け、オシロスコープのスイッチを押して初めて、講義で学んだことが腑に落ちたのです。おなじことですが、リーダーシップに関していえば、本を読むことならいくらでもできます。でも、本物のリーダーが直面した課題を自分でやってみない限り、リーダーへの備えはできないのです。

学生たちにこうした機会を与えようというのが、スタンフォードのメイフィールド・フェローズ・プログラムです。経営工学のトム・バイヤーズ教授とわたしが共同で運営にあたっています。[*5]

九カ月間のプログラムではまず、事例研究を通じて起業家精神とは何かを徹底して教えます。講義の四分の一が終わったところで、一二人の学生はそれぞれスタートアップ企業に派遣され、夏のあいだを過ごします。学生には、それぞれの事業で重要な役割が割り振られ、幹部から指導や助言をもらいます。スタートアップ企業がどんなリスクに直面し、どう対処しているのか、情報が不足するなかで重圧を感じながらいかに意思決定をしていくのか、そして、移り変わりが激しい環境のなかで事業を引っ張っていくのがいかに大変かを、学生たちは身をもって経験するわけです。

こうして夏のあいだに濃密な体験をした後は、一〇週にわたって、その間の経験を各自に報告してもらいます。毎回、ひとりの学生が講師になり、研修中にぶつかった重要な問題について、議論をリードしてもらうのです。

このプログラムを履修した学生は、激しく変化する環境のなか、猛烈なスピードで事業を進めるとはどういうことかを学び、洞察を深めます。資金繰りの行き詰まりや、経営陣が交代した後の戦略の見直し、最先端の技術を製品化するむずかしさ、業界のガリバー企業に伍していくという手ごわい課題と格闘する様子を目の当たりにすることになります。そして、夏が終わる頃には、自分たちが働いた会社で一、二年後に生き残っているのは一握りしかないことに気づきます。優秀な人たちがこれほど努力しても、その多くは失敗するのです。

ベンチャーキャピタル業界は、いうなれば失敗に投資しているようなものです。出資した企業の大多数が破綻する運命にあるのですから。ベンチャーキャピタル業界とおなじくらい成功率が低いのは、玩具、映画、出版業界です。本の出版を見てみましょう。アメリカでは毎年約一〇〇万点が出版されていますが、そのうちの半数が自費出版です。ブックスキャンによると、一点あたりの年間の平均販売部数は二五〇部未満、絶版になるまでの販売部数も三〇〇〇部を下回っています。[*6] 大ヒットするのはごくごく一部で、どれがヒットするかを予測するのはほぼ不可能です。そのため出版社は、ベストセラーになるのはごく稀だと知りつつも、数打てば当たる方式でヒットを狙ってつぎつぎと本を出し続けています。成功に至る道には、たくさんの屍《しかばね》が横たわっています。出版社も、玩具メーカーも、映画プロデューサーも、ベンチャーキャピタリストもそれをよく知っています。

起業家のミア・イムランは、いくつもの会社を次々に立ち上げてきました。同時並行的に立ち上げた企業も多数あります。[*7] 経済状況がどうであれ、大半のスタートアップが失敗に終わることを思えば、ミアの成功率は驚異的です。その秘訣を尋ねたところ、**駄目だと思ったら早めに見切りをつけているからだ**、という答えが返ってきました。成功する見込みが低いプロジェクトは容赦なく打ち切り、成功する確率が高いプロジェクトに精力を注いでいるのです。新たな事業を立ち上げる際には、初期段階に厳格な規律を取り入れ、分析を徹底することで、長期的に成功する確率を引き上げるといいます。

プロジェクトからの撤退は一筋縄ではいかないのがつねですが、膨大な時間とエネルギーをつぎ込む前の初期段階であれば、ずっとやりやすいものです。後になればなるほど、時間もエネルギーもつぎ込んでしまい、引くに引けなくなります。

仕事でも、株式投資でも、人間関係でもおなじことがいえます。あのレオナルド・ダ・ビンチも、「最初に抵抗するほうが、後になってから抵抗するよりも楽」だと言っています。組織行動の専門家のロバート・サットンは、著書の『あなたの職場のイヤな奴』（講談社）のなかで、「ダビンチ・ルール」を詳しく論じています。サットンは、自分に合わない仕事は、どうしようもないと思ったらすぐにやめるべきだと言います。一般論としてまとめたものを紹介しましょう。

何かを決める際には、過去にどれだけコストをかけたかを考えに入れるべきではない――たいていの人は、この原則を知っている。だが「投資し過ぎて、引くに引けない症候群」はかなり強力だ。何年も努力や苦労を重ねてくると、つい正当化したくなり、自分自身にも周りにも「これには何か価値や意味があるはずだ」とか「だから、ここまで賭けたのだ」と言ってしまう。[*8]

何かをやめると、じつは驚くほど元気が出ます。決めるのは自分であり、その気になればいつだってやめられることに気づきます。自分で自分を檻に入れ、見張りをする必要などないし、うまくいかない場所に引きこもる必要もありません。とはいえ、やめるのが簡単なわけではありません。わたしにも、自分に合わない仕事をやめ、うまくいかないプロジェクトを打ち切った経験がありますが、どちらも大変な思いをしました。わたしたちは、途中でやめるのは弱虫の証拠だと刷り込まれています。実際は、その逆であることが多いのですが。

やめることが、もっとも勇気ある選択の場合もあります。自分の失敗に向き合い、それを公にしなければならないのですから。やめることの最大の利点は、まっさらな状態からやり直せることです。そして、何が起きたのかをじっくり分析すれば、貴重な経験としてやめたことからも学ぶことができます。

ランディ・コミサーは、アップルからスピンアウトしたソフトウエア会社クラリスの副社長を退任するときに敗北感を味わいました。明確なビジョンをもっていたランディは、そのビジョンが達成できないと悟ったとき、会社を去ることを決めました。ランディの「失敗」は誰もが知るところであり、そのことでひどく傷つきました。

それでも、すぐに気づいたことがあります。この職から解放されたことで、自分が何に情熱をもっているか、自分のスキルを最大限に活かすにはどうすればいいかを見直す機会を得られたのだと。クラリスで不満が溜まっていたのは、クラリスの製品にも、自分がやっている仕事にも情熱がもてなくなってしまったからだ、ということがはっきりわかったのです。ランディは、会社の大きな構想を練り、ビジョンを点検するのは好きでしたが、日常のマネジメントには熱が入りませんでした。

ある新興企業のＣＥＯへの就任を打診されたランディは、自分がＣＥＯになるのではなく、ＣＥＯと一緒に会社の方向性を考えたいと提案しました。こうして「仮想ＣＥＯ」という、それまでにない役割を自分のために作り出したのです。その後は、仮想ＣＥＯとして、並行して多くの企業に関わることができるようになりました。ＣＥＯのコーチであり、ご意見番であり、アドバイザーですが、日常業務に責任は負いません。こうしたやり方は、ランディ自身にも、そして各企業にも合っていました。

「一度つまずいたからこそ、自分の情熱を身近なチャンスに結びつける方法が考えられた」とランディは言います。ランディの例は、引き際を知るのが肝要だということを教えてくれます。うまくいかないアイデアを考え続けるのをやめ、次に移るべき時機を見極めなければなりません。

じつは、失敗を成功に変える方法はたくさんあります。大きな失望を逆転勝利へと結びつけた例として記憶に残る出来事が、「イノベーション・トーナメント」にありました。このときのテーマは、ゴムバンドを使って五日間でできるだけ大きな価値を生み出すことでした。あるチームは、「願いごとの木」をつくろうと考えました。キャンパスのほぼ中央、大学の書店の向かいの木を見つけ、六角形の網目状の金網を巻きつけました。そして、そこに、メッセージカードを添えたゴムバンドを結びつけるようにしました。通りかかった人に、願いごとを書いて結びつけてもらおうというのです。学生たちはSNSやメーリングリストで告知したり、木の前に立って通りがかりの人に声をかけたりして宣伝につとめましたが、残念ながら興味をもってもらえませんでした。

呼び水にしようと、自分たちでゴムバンドを結んでみましたが、たいした効果はありません。宣伝を派手にして、呼び込みにも力を入れましたが、やはり効果はありませんでした。学生たちを余計に落ち込ませたのは、目と鼻の先でおなじようなことをやっているチームが注目を集めていたことでした。

このチームは、大きなゴムバンドを蜘蛛の巣状にして、秘密を書いた紙を結んでもらうことにしていました。ゴムバンドの蜘蛛の巣は、秘密が書かれた色とりどりの紙で飾られ、そよ風になびいていました。すぐそばの裸同然の「願いごとの木」とは大違いです。

「願いごとの木」チームは、これは失敗だったと認めることにしました。でも、そこで終わりませんでした。この失敗を検証して三分間のビデオにまとめることで、多くの教訓を引き出したのです。「願いごとの木」を成功させるために、どんな試みをしたのかをひとつひとつ挙げ、「秘密の蜘蛛の巣」とくらべてどこが駄目だったのかを検証しました。自分たちの失敗を大いに祝い、「秘密の蜘蛛の巣」と「願いごとの木」の粘着性について、学んだことを話しました（物語や製品、ウエブサイトが関心を引きつけて離さないとき、「粘着性」があるといいます）。

また、これはひとつのステップに過ぎず、アイデアはつぎのアイデアに先々つながっていくこともあきらかにしました。彼らがイノベーションのプロセスでそのなにがしかを学んだのはあきらかです。なにしろ、その年の後半に行なわれたスタンフォード事業計画コンペに医療技術をもって出場し、優勝したのですから。[*9]

どんなにアイデアがすぐれていても、成功するまでに多くの労力を必要とするため、問題にぶつかったとき、いつか突破口が見つかると期待してやり続けるのか、それとも見切りをつけるのかを見極めるのは、かなりむずかしいものです。粘り強いのはたしかに立派なことですが、その美徳が、飛ぶはずのないものを必死に飛ばそうとする愚かしさに変わることもあります。

シリアル・アントレプレナーでベンチャーキャピタリストのジル・ペンチナは、このジレンマを見事に言い当てています。「丸太に油を注いだら、濡れた丸太にしかならないが、炎に油を注いだら大火事になる」。[10]つまり、**自分がエネルギーを注いでいるものについて、それに見合った成果が出そうかどうかを見極めることが大事なのです。**

これは、人生最大の課題でもあります。将来性がないのに、ぐずぐずと決断を先延ばしにすることがよくあります。企業では、将来性のない製品やプロジェクトに賭けているとき、個人では、仕事や人間関係で行き詰まったとき、状況はよくなると願いながら、ずるずるとその場にとどまってしまうのです。

もちろん、失敗はつらいものです。ですが、失敗は学習のプロセスにつきものです。最初につまずき、行き詰まったことを後悔するのではなく、ひとつひとつ「データ」として蓄積していくといいでしょう。科学者はつねにそうしています。実験が予想外の結果につながることを知っているのです。そして、**予想外の結果が、すばらしいインスピレーションの源になることが少なくありません。**これは人生のあらゆる側面にあてはまります。毎日は実験の連続だと思えば、膨大な興味深いデータが集まり、そこから貴重な発見を引き出せるかもしれないのです。

第6章

行く手の乱気流

リスクと上手に付き合おう

やめるべきときはいつか、問題があっても推し進めるべきときはいつか、どうすればわかるのでしょうか？　成功したいという願望と、実際に成功する確率を分けて考えるのはとてもむずかしいものです。もちろん、資源を投入すれば、成功する確率は高まるでしょう。でも、時間やお金をいくらかけても、あるいは、どれほど汗をかいても、うまくいかないことはあるものです。わたしがたどり着いた、もっとも科学的な答えはこうです。「心の声に耳を傾け、ほかに選択肢がないか検討しなさい」。

まずは、自分自身と正直に話し合わなければなりません。成功するまでトコトンやり通す覚悟があるのか、あるいは別の道を選んだほうがいいのか、自分に聞いてみることです。

やめると決めたら、うまくやめなければなりません。言うは易く行なうは難し、なのですが。引き際が見事な人がいれば、無残にも大きな穴を残して去っていく人もいます。前にもお話ししましたが、人生では何度もおなじ人にめぐり会うことがよくあります。それも思いがけない形で。この事ひとつとっても、やめるときは、周りの人への影響をよくよく考えておくべきだと思います。引き際をきれいにするのは、後々、その影響が自分にめぐってくるからだけではありません。人としてやるべきことだからです。同僚や友人、あるいは元の会社を傷つける形で辞めるのは、決して正当化できることではありません。

同僚からこんな話を聞きました。彼のアシスタントは、とてもよく仕事ができました。人事査定では高評価をし、グループ内でのキャリアパスについて時間をかけて話し合いました。いつかは違う分野で仕事をしたいとの意向でしたので、それも応援していました。推薦が必要なら、いつでも請け負うとまで言っていたのです。こうした背景があったのに、ある日突然、そのアシスタントがやって来て、二週間後に会社を辞めますと言い出したときには卒倒しそうになったといいます。

チームは大きなプロジェクトに取り組んでいて、期限が三週間後に迫っていたのです。その一週間前にアシスタントにやめられたら大混乱に陥ります。せめてプロジェクトが終わるまで、退職を一週間延ばしてもらえないか、考え直すよう何度も頼みました。直接的には数十人、間接的には数千人が関わっている大型プロジェクトなのです。それでも、アシスタントは頑として首を縦に振りませんでした。「わたしがいつやめると申し出ても、あなたは困るとおっしゃるでしょう。だから、いまやめます」。

同僚は、みぞおちを蹴られたような気分だったといいます。プロジェクトの最終週に、彼女の抜けた穴を埋めるなんて不可能に思えました。誰もが必死で穴を埋めようと頑張りました。彼女と一緒に働いた人たちは、このことを決して忘れないでしょう。アシスタントはいい仕事をしていたのに、最後の最後にしたことで、それまでの評判を台無しにしてしまったのです。

これとは対照的に、去り際が見事な人たちも見てきました。仕事が合わなくてやめるのであっても、礼を尽くせば周りは好印象をもち、必要ならいつでも推薦しようという気になります。十分に前もって辞意を伝え、あとの人の仕事がやりやすいようしっかり引き継ぎ、ときには引き継ぎがうまくいくよう手伝おうと申し出ます。こうした人たちは、立つ鳥跡を濁さず、ということをよく知っているのです。

途中でやめるのではなく、厳しい状況を乗り越えた場合の見返りは大きいものです。むずかしい人間とどう協力するのか、限られた資源をどうやり繰りするか、予想外の技術的問題をどう修正するのか、といったことが問われます。格好の例を挙げましょう。

スタンフォード大学工学部出身のデビー・スターリングは、玩具メーカー、ゴールディ・ブロックスの創業者です。同社は、女の子が玩具付き絵本でエンジニアリングを学ぶブロック型玩具をつくっています。彼女自身が子どもの頃、エンジニアリングがいかに社会の問題解決に役立っているのか知る機会がなかったことからこのアイデアを思いつき起業しました。デビー率いる少人数のチームは、規模の拡大に苦労しましたが、クラウドファンディングで製品開発用の資金一〇〇万ドルを調達することに成功し、ついに事業は離陸します。

つぎに草の根のマーケティングを活用して、二〇一四年のスーパーボウルでコマーシャルの放映権を獲得します。これで露出度が高まり、ファンを開拓できました。製品の注文が入り始め、万単位で出荷するようになります。ところが、事はそう簡単に進みません。あまりに急な事業の拡大に中身が追いついていなかったのです。製品のブロックに欠陥があり、ぴったりはまりません。顧客から苦情が殺到しました。デビーたちにとっては大打撃。懸命に努力して成功を手にしたと思った瞬間に、大きなミスを犯してしまったのです。どうすべきか？

まずは問題を分けて考え、エンジニアとして製品の欠陥を修正することにしました。そのうえで、顧客の信頼を取り戻さなければなりません。デビーたちは、すべての顧客にどこをどう直したか説明した手紙を添えて、新しいブロックを送りました。

特筆すべきは、ゲームのキャラクターのゴールディになりきって、子どもたち一人ひとりにお詫びの手紙を書いたことでした。エンジニアは最初から完璧ではないが、決してあきらめない、と説明しました。何が起きたのかを説明し、ブロックの元の図面と新たな図面の両方を添えました。これによってマイナスの経験は、会社にとっても顧客にとってもプラスの学習機会に変わりました。じつのところ、この失敗は、会社とその製品に対する信頼を高めて熱心なファンを獲得する絶好の機会になったのです。[*1]

この事例から、失敗を成功に変えるからくりが見えてきます。デビーは、ひどい落胆を前向きな気持ちに変え、顧客と対話することで不満を称賛に変えました。起きてしまった出来事を問題と見る姿勢から、チャンスと見る姿勢へと変えたのです。

成功者に話を聞くと、このテーマは大なり小なり繰り返し登場します。彼らは多くのことに挑戦することをいとわず、実験の一部が大きな成果につながると自信をもっています。ただ、それと同時に、途中に落とし穴が待ち受けていることも知っています。こうした姿勢は、課題の大きさに関係なく通用するものです。

友人からこんな話を聞きました。付き合ってくれる女性がいなくて困ったことがない、というような男性がいました。とくにハンサムなわけではないし、面白いわけでもありません。頭が切れるわけでもなく、とりたてて魅力があるとも思えません。だから、女性にモテるのが不思議で仕方ありませんでした。友人はある日、思いきって聞いてみました。どうして切れ目なく女性と付き合えるのか、と。するとこんな答えが返ってきたそうです。

「単純だよ。魅力的な女性がいたら、片っ端から声をかけるんだ。なかにはイエスと言ってくれる娘もいるからね」

要するに、どんなに空振りしても気にせず、バットを振り続けていればヒットを打てるというわけです。ここから、ごく一般的な教訓が引き出せます。外に出て、多くの物事に挑戦する人のほうが、部屋のなかで電話がかかってくるのをじっと待っている人よりも成功する確率は高い、ということです。

この逸話は、わたしが父から言い聞かされてきたこととも似ています。父はよくこう言っていました。「あれこれ言っても結果が変わることは滅多にない。だが、結論が出るのが早くなる」。言ってもらえそうもない「イエス」を待って、ぐずぐずしていてはいけません。**遅いよりは早いほうがいい。早ければ、成功する確率の高いチャンスにエネルギーを注ぎ込むことができます。**これはさまざまな場面にあてはまります。仕事を探すときにも、出資者を探すときにも、デートの相手を探すときにもあてはまるのです。要するに、壁を押し続け、途中の失敗をものともしなければ、成功に突き当たる確率は高まるのです。

起業家でグーグルの初代技術責任者のアルベルト・サヴォイアが著書で述べていますが、この種の実験は「プレトタイピング[*2]」と呼ばれます。手早く実験をやって、方向性は正しいのか、燃料をさらに投入していいのか、方向性が間違っていてやめるべきなのかを見極めるのです。

多くの人は、自分のキャリアがつねに右肩上がりでなければならない、一直線に成功曲線を描かなければならないと思い込んでいますが、これは現実離れしています。現実にそれはありえないし、こうした考え方でいるとがんじがらめになってしまいます。現実に仕事で成功した人のキャリアのグラフは、上がったり下がったりしています。

けれど、長い目で見ると、だいたい右肩上がりになっているのです。下降サイクルの真っ只中にいると、いまは一時的に落ち込んでいるだけで、つぎに飛躍するために屈んでいるのだということになかなか気づけません。けれど、いったん下降した後のほうが、急上昇している場合が多いのです。着実で予想できる道を歩み続けたときよりも、大きな仕事を成し遂げているのです。

オートデスクとヤフーの元ＣＥＯのキャロル・バーツは、似たような喩え話で、キャリアの成功とはどのようなものかを見事に説明しています。[*3] キャリアを積むとは、二次元の梯子ではなく、三次元のピラミッドを登るようなものだといいます。ピラミッドの端を横に動くことで、経験という土台をつくることができます。ぐずぐずしているように見えるかもしれませんが、この間に習得したスキルや経験が、いかに貴重であるかが後々わかってきます。

二〇年来、スタートアップ業界に深く関わってきたジョシュ・マクファーランドは、別の視点を提供してくれます。人は実際のポジションよりも、ポジションの変化率に敏感だというのです。

「どの時点でも、絶対値ではなく変化率を敏感に感じ取る。……飛行機に乗っているとしよう。時速が三〇〇マイルなのか四〇〇マイルなのかはわからないが、加速しているのか減速しているのかはわかる。……上空三万フィートなのか三万五〇〇〇フィートなのかはわからないが、乱気流に巻き込まれて五〇〇フィート降下すると気分が悪くなる。……それとおなじで、上がっているときは、すこぶる気分がいいが、下がっているときは、どんな高度であっても、基調としては上昇していても、ひどく気分が悪いんだ」[*4]

いまや古典的な例になりましたが、キャリアには浮き沈みがあり、予想できないものだと教えてくれるのがスティーブ・ジョブズの物語です。アップル、そしてピクサーの創業者として、ジョブズの成功物語は伝説の域に達しています。しかしながら、めざましい成功の数々は、失敗から生まれたものでした。その経緯を、ジョブズ本人が二〇〇五年のスタンフォード大学の卒業式で語っています。すばらしいスピーチの一部を紹介しましょう。

わたしたちの最高の作品であるマッキントッシュを発表して一年後、三〇歳の誕生日を迎えた矢先に、わたしはクビになってしまいました。自分が興した会社をどうしてクビになるのでしょうか？

会社が大きくなるにつれ、わたしの片腕として経営を担ってもらおうと、有能と思える人物を招き入れました。最初の一年ほどはうまくいっていました。しかしやがて、将来のビジョンが食い違うようになり、ついに決定的な亀裂が生じたのです。そのとき取締役会が支持したのは彼のほうでした。こうしてわたしは三〇歳にして会社を追い出されたのです。しかも、おおっぴらに。大人になってからすべてを賭けて打ち込んできたものを失ったわけですから、それは最悪でした。

数カ月のあいだは、まさしく茫然自失の状態でした。自分は前の世代の起業家たちを失望させてしまった、渡されたバトンを落としてしまったと、自責の念に駆られました。デビッド・パッカードとボブ・ノイスに会って、すべてを台無しにしたことを謝ろうとしました。

わたしが失敗したことは、みなに知れわたっているのです。シリコンバレーから逃げ出すことすら考えました。しかし、やがて見えてきたことがありました。わたしはまだ、自分がやってきた仕事が好きでした。アップルでの顛末があっても、その気持ちはいささかも揺らぎませんでした。わたしは拒絶されたわけですが、それでも好きでした。だから一からやり直そうと決意したのです。

そのときはわかりませんでしたが、振り返ってみると、アップルを追い出されたことは、わたしの人生で最良の出来事でした。成功者であることの重圧は、初心者に戻った気安さに代わりました。何事にも前ほど自信がもてなくなりましたが、それによって自由になり、人生でもっともクリエイティブな時期に入ることができたのです。

その後の五年のあいだに、わたしはＮｅＸＴという会社を立ち上げ、ピクサーという会社を興し、すばらしい女性と恋に落ち、結婚しました。ピクサーはやがて、世界初のコンピューター・アニメーション映画『トイ・ストーリー』をつくり、いまでは世界でもっとも成功しているアニメーション・スタジオになっています。思いがけない展開でアップルがＮｅＸＴを買収することになり、わたしはアップルに復帰しました。ＮｅＸＴが開発した技術は、最近のアップルの復活劇で中核的な役割を果たしています。そして、ローレンとわたしは共にすばらしい家庭を築いています。

わたしがアップルを追い出されていなければ、これらのことは何ひとつ起こらなかったと断言できます。おそろしく苦い薬でしたが、わたしという患者には必要だったのでしょう。人生には時として、レンガで頭をぶん殴られるような出来事が起こりえるのです。[*5]

これに似た物語は繰り返し起こっています。人生には小さな失敗や大きな失敗がつきものです。大切なのは、そうした失敗から立ち直れるかどうかです。わたしの好きな諺があります。**「最後は万事うまくいく。うまくいってないなら、それは最後ではない」**。わたしたちはたいてい物語の途中にいて、立ち直る方法はあるものです。

ほとんどの成功者にとって、地面はコンクリートではなく、ゴムが敷かれています。地面にぶつかったとき、多少は沈みますが、反動で跳ね上がります。衝撃をエネルギーにして、別のチャンスをつかみに行くのです。格安航空ジェットブルーの創業者、デビッド・ニールマンはその好例です[*6]。

デビッドは最初にモリス・エアという航空会社を興しました。成長し、軌道に乗った同社をサウスウエスト航空に一億三〇〇〇万ドルで売却し、サウスウエスト航空の一員になりました。が、それもわずか五カ月でクビになってしまいます。デビッドにとってサウスウエストでの仕事は惨めだったし、会社をかき回すことになったと本人は語っています。契約上、五年間は競合する航空会社を立ち上げてはいけないことになっていました。五年は永遠に思えました。

それでも、この大打撃からなんとか立ち直ると、次なる航空事業の戦略をじっくり練ろうと心に決めました。どんな理念の会社にするのか、どんな顧客体験を提供するのか、どんな人材を雇い、どう教育し、どんな報酬体系にするのかなど、事業の細部を徹底的に研究しました。サウスウエストをクビになり、次の会社を興すまで待たなければならなかったことは、自分にとって最良の出来事だったと本人は語っています。競業避止義務が失効したとき、デビッドの準備は万全、あとは飛び立つだけになっていました。スティーブ・ジョブズとおなじように、デビッドもまた、最悪と思えた状況を、とても生産的で、創造的な時間に変えることができたのです。

もちろん失敗は楽しいものではありません。うまくいったことを話すほうがずっと楽しいものです。でも、失敗はそのじつ、思いもよらないチャンスになることがあります。**失敗すれば、目標や優先順位を見直しますし、順調にいっていたときよりも、ずっと速く前に進める場合が多いのです。**

とはいえ、やすやすと失敗してしまうのは危険に思えます。失敗を喜ぶ人たちは、失敗するように運命づけられているのでしょうか？　会社が「今月の大失敗」を選んで、失敗した社員の写真を飾ることが想像できるでしょうか？

ロバート・サットンは、『なぜ、この人は次々と「いいアイデア」が出せるのか！』（三笠書房）のなかで、成功だけを評価すると、リスクを取ろうとしなくなるので、イノベーションが阻害されると指摘しています。成功とともに失敗も評価し、何も行動しないことを罰する方法を検討してはどうかと提案しています。そうすればいろいろ試すようになり、それが面白い結果や思いがけない成果につながるのではないかというのです。

バカで愚かで怠惰で出来の悪い社員を評価しろと言っているわけではない。バカな失敗ではなく、賢い失敗を評価すべきなのだ。クリエイティブな組織をつくりた

いのであれば、何もしないことは最悪の類の失敗だ。創造力は行動から生まれる。何もしなければ何も生まれない。[*7]

個々人についてみると、成功と失敗の比率は一定であることを示す確かな証拠があるといいます。そのため、もっと成功したいのであれば、もっと失敗するのを受け入れなければいけません。失敗と成功は裏腹な関係にあり、どちらか一方だけというわけにはいかないのです。

スタンフォードのｄスクールでは、大きな見返りを得るためにそれ相当のリスクを取ることを重視しています。プロジェクトが成功しない確率が高くても、学生にはできるだけ大きく考えるよう奨励しています。そのため、とんでもない失敗を歓迎します。そこそこうまくいくよりも、大やけどするほうがずっといい――工学部の元学部長のジム・プラマーは、この哲学を信奉しています。

博士課程の学生には、うまくいく確率が二〇パーセントのプロジェクトを論文のテーマに選ぶべきだと指導します。なかには、博士課程のうちに、五つの研究を行なわなければならないのだと解釈して、青くなる学生もいます。見当違いもいいところです。実験は、失敗から情報を得て、うまくいけば大きな突破口が開けるよう設計すべきです。実験結果があらかた予想できる小さな実験を繰り返すよりも、大きな成果を狙って、大きなリスクを取るほうがずっと意義があるのです。

わたしたちは往々にして成功か失敗の分かれ目にいて、どちらに転ぶかはよくわかりません。リスクが高いことに取り組むのなら、なおのこと先行きは不透明です。レストラン経営しかり、ハイテクのスタートアップしかり、スポーツですらそうです。成功と失敗は、紙一重の差でしかありません。自転車ロードレース、ツール・ド・フランスを見てください。何日にもわたって曲がりくねった山道を昇り降りした末に、勝者と敗者を分けるのは、ほんのタッチの差。一〇〇分の一秒とまでは言わなくても、わずか数秒の違いです。ときには、ほんの一漕ぎが逆転勝利につながることもあります。

ほかの企業なら失敗だと切り捨てられる製品やプロジェクトに、価値を見出すのが得意な企業があります。グーグルなどのインターネット関連企業は、いわゆる「A－B」テストに頼っています。具体的には、ソフトウエアの二つのバージョンを同時に発表して、どちらの受けがいいか即座にフィードバックを受け取るのです。

たとえば、ボタンの色を変えるとか、メッセージに単語をひとつくわえる、あるいは画面の周りの画像を動かすといったささいな変更で、ユーザーの反応が大きく違うことを知っているのです。なかには、ひとつのソフトについて、おなじ日に何十ものバージョンを発表し、それぞれに小さな変更をくわえることでユーザーの反応を評価している企業もあります。

何か新しいことに挑戦しようとするなら、積極的にリスクを取る姿勢が必要です。ただし、リスクは取るか取らないかの二者択一ではありません。心地よいリスクもあれば、不快なリスクもあるでしょう。自分にとって心地いいものは、危険性を割り引いてリスクだとすら感じないのに、不快なものは必要以上に警戒する可能性もあります。

たとえば、スキーで斜面を急滑降するとかスカイダイビングが好きな人は、こうした活動をリスクが高いとは思いません。もしそうだとすれば、身体的に大きなリスクを取っているという事実が見えていないのです。わたしのように身体的なリスクを取りたくない人間は、スキーに行っても山小屋でホットチョコレートを飲み、飛行機に乗れば座席ベルトをしっかり締めて座っています。

一方、大勢の前でスピーチをするといった社会的なリスクを取るのが平気な人もいます。わたしはそのタイプで、リスクだとはまったく思いません。でも、スカイダイビングなら喜んでやるのに、パーティで乾杯の音頭をとるなどもってのほか、という人もいるのです。

考えてみると、リスクは大きく六種類に分けられるようです。身体的リスク、感情的リスク、社会的リスク、金銭的リスク、知的リスク、政治的リスクです。わたしは学生に、「リスク・オ・メーター（Risk-o-Meter）」を使って、自分のリスク・プロファイル

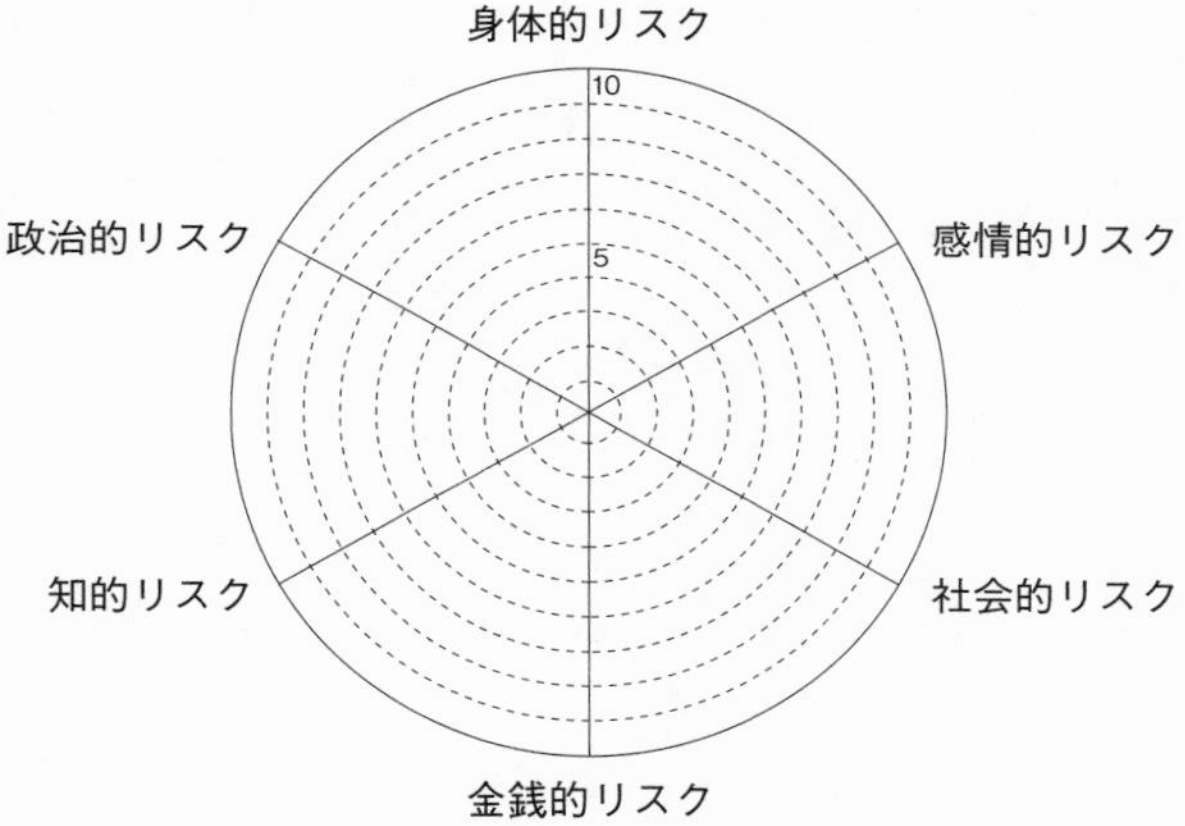
身体的リスク
10
5
感情的リスク
社会的リスク
金銭的リスク
知的リスク
政治的リスク

自分のリスクの例

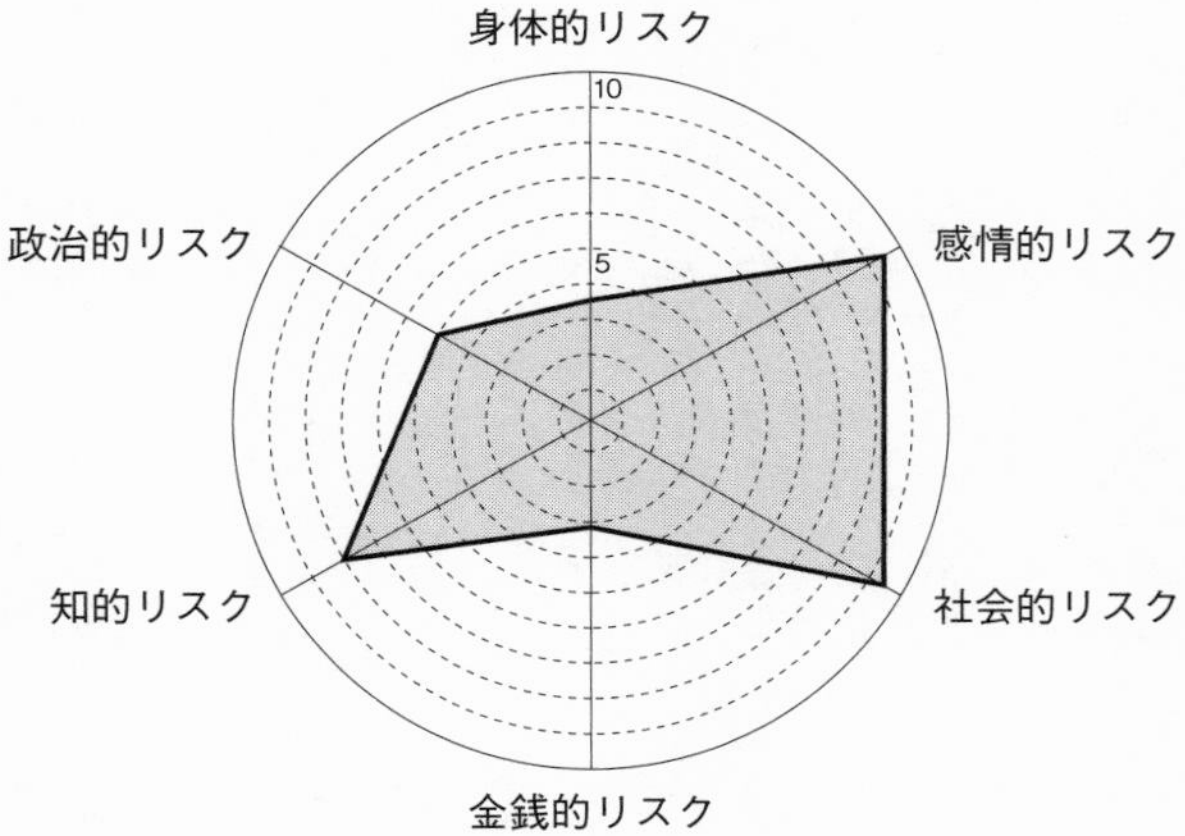
身体的リスク
10
5
感情的リスク
社会的リスク
金銭的リスク
知的リスク
政治的リスク

を描いてみるよう勧めます。ほんの少し考えるだけで、自分がどんなタイプのリスクを取ろうとするかがわかります。

一口にリスクといっても、一様ではありません。面白いことに、ほとんどの起業家には大きなリスクを取っているという自覚がありません。彼らは状況を分析し、チームをつくり、計画を細かく詰めていくなかで、リスクを可能な限り減らしていると感じています。実際、事業からリスクを取り除くことに精力の大半を注いでいるといっても過言ではないのです。

スタンフォードの経営工学を統括するエリザベス・ペイト・コーネルは、リスク管理の専門家です。そのエリザベスはこう言っています。

「リスクを分析する際は、起こりうる結果を明示し、それぞれの確率を見極めることが重要である。分析を終えると、それぞれの結果に応じて計画を立てなければならない。どんな結果も受け入れるつもりならば、リスクが高くてもリターンの大きい道を選ぶのは理に適っている。うまくいかなかった場合に備えて、いざというときの計画も立てておく必要がある」

この助言は繰り返し読んで、自分のものにするようお勧めします。最善のシナリオと最悪のシナリオを含め、あらゆるシナリオを想定したうえで、それぞれの確率に基づいて意思決定をし、あらゆる事態への備えが万全になったら、大きなリスクを進んで取るべきだ。リスクの専門家はそう言っているのです。

どんなリスクがあるかを正確に分析し、それに基づいてすぐれた意思決定をしても結果が伴わない場合がある、ということも覚えておくことが大切です。リスクがまったくなくなるわけではないからです。単純な例を挙げましょう。大学院を出たばかりの頃、ある会社から誘われましたが、自分に合うかどうか自信がもてず、二、三日考えた末に断ることにしました。もっと自分に合う仕事がすぐに見つかると思ったのです。

ところが、まもなく景気が悪化したため、仕事はなかなか見つかりませんでした。わたしは入社の誘いを断った自分を呪いました。断った仕事は、誘いを受けたときよりも魅力的に思えました。自分としては、その時点で手に入る情報に基づいて最善の決断をしたつもりでしたが、短期的にみれば最善の結果ではなかったわけです。

この話のように、何かを決断するときには、情報が不完全な場合がほとんどです。先がどうなるかはわからないなかで、選択して、行動に移さなければなりません。では、情報の不足をどうやって埋めればいいのでしょうか？　自動運転車「スタンレー」の話がヒントになるのではないかと思います。

「スタンレー」は、国防高等研究計画局（DARPA）主催の自動運転レース、グランドチャレンジに向けて、スタンフォードの人工知能研究所とフォルクスワーゲンのエレクトロニクス・リサーチ・ラボラトリー（ERL）が共同開発した車です。DARPA

は政府機関で、軍事用の最新技術の開発を担っています。グランドチャレンジでは、無人で二一二キロメートルのオフロードを走らなければなりません。三つの狭いトンネルをくぐり、一〇〇を超える急カーブを曲がり、両側が断崖の山道を走るのです。下馬評が高くなかったスタンフォード組がこのレースに勝てたのは、不完全な情報をもとに素早い決断ができたからにほかなりません。

たしかにスタンレーは高度な技術の塊で、三次元の地図、GPS（全地球測位システム）、ジャイロスコープ、加速器、ビデオカメラ、センサーなどを備えています。入ってくる情報を搭載されたソフトで分析し、速度や方向を調整します。ですが、スタンレーの最大の勝因は、不完全な情報をもとに意思決定を行なうスキルの高さにあります。これは、人間とおなじように学習する能力を取り入れることで実現できました。自動運転車が判断する際の材料として、人間の意思決定をデータベース化しました。このデータを学習プログラムに取り込み、車の制御システムと連動させた結果、判断ミスが大幅に減ったのです。

この事例からわかるのは、**他人から学ぶことで失敗の確率は大幅に下げられる、ということです。**自分ひとりで何もかも決めようとする必要はありません。最善の選択をするには、スタンレーのように、**身のまわりで得られるデータはすべて集めるべきです。そして、先人の知恵に学ぶことです。**何かを選択するときに必要なのは、身のまわりに、数千といわずとも、数百のお手本を探すことだといえるでしょう。

リスクを取ってうまくいかなかったとしても、あなた自身が失敗者なのではない、ということも覚えておいてください。失敗は外的なものです。そういう見方ができれば、失敗しても立ち上がり、何度でも挑戦できます。失敗したのは、アイデアがよくなかったのかもしれないし、タイミングが悪かったからかもしれません。必要な資源がなかったのかもしれません。ジェフ・ホーキンスはこう言っています。

「自分は、自分の会社と一体ではないし、製品と一体でもない。同一視しがちだが、失敗したからといって自分が失敗したわけではない。あるいは成功したときですら、自分の成功ではない。会社や製品は失敗することがあっても、自分が失敗者なのではない」[*8]

失敗は学習のプロセスにつきものなのだということを肝に銘じておいてください。失敗していないとすれば、それは十分なリスクを取っていないからかもしれません。

第7章

絶対いやだ！
工学なんて女のするもんだ

無用なキャリア・アドバイス

成功の秘訣は、情熱を追いかけることである――一体、何人からこうアドバイスされたことでしょう。きっと、多くの人からこう言われた経験があるのではないでしょうか。何をすればいいのかわからなくて悩んでいる人に、そう言うのは簡単です。でも、このアドバイスは単純すぎて、言われたほうは戸惑います。誤解しないでいただきたいのですが、わたしも情熱は大好きですし、自分を突き動かすものを知っておくのは、とても大事だと思っています。ただ、それだけでは足りないのです。

情熱は出発点に過ぎません。自分の能力と、それに対する周りの評価を知っておくことも必要です。とても好きだけれど、必ずしも得意でないことを仕事にしようとすると、苦しくなります。バスケットボールが好きだけれど選手になるには身長が足りない人もいるでしょうし、ジャズの大ファンだけれど演奏しようとすると音を外してしまう人もいるでしょう。どちらの場合も、プロとしてではなく、熱心なファンとして、試合を見に行ったり、コンサートに足を運んだりすることはできます。

一歩進めて、情熱を傾けられる対象があり、十分な能力もあるけれど、それを活かす市場がない、という場合もあるでしょう。たとえば絵の才能があり描くのが好きだとか、サーフィンが得意でボードも手作りしてしまうという人はいるでしょう。ですが、そうした能力を活かす市場は小さいものです。夢中になれるからといって仕事にしようとすると、悩みが深くなるのは目に見えています。

こういうとき二つの選択肢があります。これは趣味だと割り切って仕事以外の時間にやるか、絶対これを仕事にすると決めて周りにファンを増やすか。斬新なスノー・シューズをつくったペリー・クレバーンは後者の代表ですが、第8章で取り上げましょう。

逆に、ある分野の能力があり、スキルが活かせる大きな市場もあるけれど、いまの職場に満足できない場合もあるでしょう。だとすれば、それは生業と割り切れば、仕事をする場はほかでも見つかります。たとえば、実績のある会計士なら、財務諸表の作成を担当するポジションはつねにあります。世の中のほとんどの人は、そうして生活しています。自分のスキルが活かせる仕事をもちながら、早く家に帰って自分が好きなこと——趣味に没頭したいと思っています。週末や休暇を指折り数えて待っています。あるいは引退の日を待っているかもしれません。

最悪なのは、仕事にまったく興味がもてず、その分野のスキルもなく、いまやっていることを活かせる市場もない場合でしょう。古典的なジョークに、エスキモーに雪を売るセールスマンの話があります。雪は嫌いだし、セールスの心得もないのに、必要としていない人に雪を売り込まなくてはいけない。これは最悪です。

情熱とスキルと市場が重なり合うところ——それが、あなたにとってのスウィート・スポットです。そんなスポットを見つけられたら、仕事がただの生活の糧を得る手段ではなく、仕事が終わった後に趣味を楽しむのでもなく、仕事によって生活が豊かになる、すばらしいポジションにつけることになります。自分がこんなに楽しんでいてお金をもらっていいのかと思えることを仕事にする――これが理想ではないでしょうか？　中国の老子は、こんなことを言っています。

生きることの達人は、仕事と遊び、労働と余暇、心と体、教育と娯楽、愛と宗教の区別をつけない。何をやるにせよ、その道で卓越したものになることを目指す。仕事か遊びかは周りが決めてくれる。当人にとっては、つねに仕事であり遊びでもあるのだ。

「一所懸命に取り組むことが成功のカギである」という見方には、老子の叡智が反映されています。好きなものであれば、人は一所懸命になります。子どもを見ればよくわかります。好きなことなら、何時間でも夢中になります。建物に興味がある子は、レゴで見事な街をつくります。絵が好きな子は、何時間でも描いています。運動が好きな子にとって、毎日放課後にサッカーボールを蹴ったり、バットで素振りをしたりするのは、練習ではなく楽しみなのです。情熱は大きな原動力です。好きであればこそ、うまくなりたい、抜きんでたいと思って一所懸命取り組むものです。

ただ、ほとんどの人は生まれつき何かに情熱をもっているわけではなく、経験から好きなものを見つけるものだと知っておいたほうがいいでしょう。夢中になる前は、そのことについて何も知らないのです。実際に料理をしてみるまでは、料理が得意なのか、ほんとうに好きかどうかなんてわかりません。ソフトウエアのプログラミングをする、ゴルフをする、小説を書く、といった行為にもおなじことが言えます。

何か新しいことに挑戦するのは、とても大切です。新しい扉が開かれ、この活動はこんなに面白かったんだと発見できるだけでなく、情熱をもてるようになるのですから。きつくて汚い職業を体験するテレビ番組「突撃！　大人の職業体験」のホストとして有名なマイク・ロウの言葉は的を射ています。「情熱を追いかけてはいけない。だが、つねに情熱をもっていけ[*1]」。

自分のスキルと情熱と市場が重なり合う金鉱を見つけるには、ある程度時間がかかります。ネイサン・ファーの例をみてみましょう。ネイサンは英文学を専攻し、いずれは教授になることを夢見ていました。ですが、多くの英文学専攻の学生と同様、英文学教授という市場はほとんどないことにすぐに気づきました。運よく教授になれたとしても薄給です。将来は結婚して子どももたくさん欲しいと思っていましたが、これではとても食べていけそうにありません。そこで、自分のスキルを活かしながら、情熱を傾けられる進路を探すことにしました。

いろいろ検討した結果、経営コンサルタントがいいのではないかと思えました。経営コンサルタントなら、調査力や文章力を活かすことができるし、知的好奇心も満たされます。唯一の問題は、経営コンサルタント業界への足掛かりになる知識がないことでした。そこで一年間、準備にあてることにしました。コンサルティングを研究する学内の組織に所属し、面接でよく取り上げられる事例研究をまねて事例を調べました。一年がかりの準備が奏功して、ネイサンは一流コンサルティング・ファームに経営コンサルタントとして採用されました。自分のスキルを活かし、情熱を傾けられ、大家族を養えるだけの経済的ゆとりも得られるという意味で、経営コンサルタントはネイサンのツボにぴたりとはまったのでした。

ネイサンはこれを足掛かりに、その後、経営科学と工学で博士号を取得し、いまではフランスの有名ビジネススクールＩＮＳＥＡＤの教授を務めています。かつて教授になることを夢見ていたネイサンは、スキルと情熱と市場を結びつける方法を見つけて最終的にそれを手に入れたのです。

この話を紹介したのは、わたしたち全員に関係があるからです。若い頃に三五歳になったときにどんな仕事をしているかがわかっていたら、ネイサンはさぞ驚き、喜んだでしょう。ですが、ユタ州で英文学を専攻していた学生が、どうすればフランスの有名ビジネススクールの教授になれるかなんて見当もつかなかったでしょう。できるだけ大きな目標を描くこと、そしてその方向に向かって小さなステップを重ねていくことに秘訣があります。そうすれば最終的に、想像もしなかった高みに行けるのです。

ネイサンは、さまざまな選択肢を検討してから進路を決めましたが、たいていの人は、もっと前に人生計画を立てるよう促されています。大人は子どもに「大きくなったら何になりたいの?」としょっちゅう尋ねます。そのことで子どもは、いろいろな機会にふれないうちに、進路を決めなければ……と追い立てられるような気持ちになります。そうなると、思い浮かぶのは身近な大人の姿です。これでは可能性が大幅に狭められます。また、「あなたには○○が向いている」という周りの意見に左右されることも多いのではないでしょうか。わたしがそうでした。担任の教師から「君は科学が得意だから、看護師になることを考えるべきだ」と言われたことを、いまだに覚えています。ありがたい助言ですが、科学が得意な人間に向いた職業は数限りなくあり、看護師はそのひとつに過ぎません。

たった一言、それも赤の他人からの言葉ひとつで、自分自身に対する見方や将来像ががらっと変わることがあります。創造性を教える授業では、クラスを数チームに分け、それぞれのチームに、革新的だと思う企業や組織をひとつ挙げてもらいます。そして、実際に現場を訪ね、従業員の声を聴き、仕事ぶりを見て、どこに革新性の秘密があるのかをまとめ、その結果を革新的な方法で発表してもらいます。

あるチームは、サンノゼ子ども発見博物館を取り上げました。数日間、スタッフや子どもたちの後をついて回り、その秘密を探りました。子どもたちがミニチュアのジェットコースターを組み立てているコーナーがありました。そこで八歳の女の子が、長さや高さ、角度を変えたらどうなるかを実験していました。それを見ていたスタッフは、「君はエンジニアとおなじことをやっている」と言ったそうです。

その日の夕方、学生はその女の子に博物館でどんなことを学んだか聞いてみました。すると女の子はちょっと考えた後、胸を張ってこう答えたそうです。「わたしもエンジニアになれるってことがわかったわ」。

この女の子のように、わたしたちはみな、どんな役割を期待されているのか、周りからメッセージを受け取っています。ときにさりげなく、ときにあからさまに。数年前、機械工学の女性教授から、息子さんにまつわる、とても面白い話を聞きました。

彼女には学生時代からの女友達が何人かいます。専門は違いますが、みな工学部出身です。昔からしょっちゅう家に遊びに来ては、夕食をとりながらおしゃべりに興じていたそうです。その場には、彼女の幼い息子がいて、みなの会話を聞いていました。この息子は大きくなると、数学と理科が得意であることがわかりました。

それをみて「君は工学を学ぶといいね」と勧めた人がいました。息子はなんと答えたか？「絶対いやだ！　工学なんて女のするもんだ」と言ったそうです。似たような話は、医師である女友達からも聞きました。幼い息子は、医学についての議論を「ガールズ・トーク」と言ったそうです。

誰もがこうした類の先入観から逃れられず犠牲になっています。つぎのなぞなぞの答えを考えてみてください。男の子と父親が事故に遭い、病院に担ぎ込まれました。外科医は「この子は手術できない。わたしの子どもだから」と言いました。一体どうしたというのでしょう？　外科医は母親だった、というのが正解です。とても進歩的な女医の友達にも試してみましたが、彼女ですら答えられませんでした。うんうん唸って、ひねくれた答えを出してきました。じつは母親だったとあかすと、ばつが悪そうでした。進歩的なはずが、「外科医＝男性」という昔ながらの固定観念にとらわれていたのですから。


私自身が受け取ったメッセージについて振り返ってみると、特定の人から大きな影響を受けていたことに気づきます。励ましてくれる人もいれば、そうでない人もいました。わたしが一四歳の頃、家族ぐるみで付き合いがあった脳外科医がいました。脳にとても興味があったわたしは、思いきって脳外科医の仕事について尋ねました。すると「ませた女の子」だと思われたようで、まともに相手にしてもらえませんでした。わたしはがっかりして、二度と聞くことはありませんでした。

脳への興味をもっと追求するといい、と励ましてくれる専門家に出会ったのは、大学に入ってからです。初めて神経科学の授業を取ったのは、大学二年でした。授業では

「脳の特定部位の機能を調べるための実験を考える」という変わった課題が出ました。まだ誰にもわかっていないので、その機能を解明するのがわたしたちの役割だというのです。なんとか考えて、レポートを提出しました。一週間あまり経って返ってきたレポートの表紙には、こう書かれていました。「ティナ、君は科学者としての考え方ができている」。

わたしが科学者になった瞬間でした。脳の研究にかけるわたしの情熱を理解し、背中を押してくれる人をわたしは待っていたのです。このように、わたしたちは誰もが、周りが発するメッセージの大きな影響を受けています。そのメッセージは、「看護師になりなさい」とか「科学者としての考え方ができている」といった直接的なものもあれば、長年、女性の技術者や男性の外科医ばかり見続ける、といった環境に根づいた間接的なものもあります。

二〇代前半の頃、自分自身に求めることと、他人から求められることを分けて考えるのは、思いのほかむずかしいことでした。教え子の多くもおなじようです。いろんな人から「指導を受ける」ので、かえって自分がやりたいことを見つけられないとこぼします。

いまでも強く記憶に残っているのですが、私自身、他人から強く勧められると、かえって、やめておこう、それだけは避けよう、他人の期待なんて関係ない、自分がしたいことを見つけよう、と反発した覚えがあります。わたしはロチェスター大学を卒業するとすぐバージニア大学の大学院に進学しました。両親はとても喜んでいました。娘のことが誇らしく、しばらく何の心配もいらないとホッとしていました。

でも一学期通っただけでやる気をなくし、カリフォルニアのサンタクルーズの友人を訪ねて、そのまま休学しようと決めました。むずかしい決断ですが、自分に嘘はつけません。わたしは風に舞う一枚の木の葉になって、自分の進路がこのままでいいのか考えたかったのです。いちばんむずかしかったのが両親の説得です。両親にとって、わたしの決断は受け入れがたいものでした。それまでわたしを支え、励ましてくれたことにはとても感謝していました。でも、そのまま大学院生活を続けることが自分にとって正しい選択だとは思えなくなっていました。わたしは猫一匹を連れて、あてもないまま西へと車を走らせサンタクルーズに向かいました。

振り返ってみると、この休学はわたしの人生を決定づける大きな決断でした。サンタクルーズでは何のあてもなく、どうにでもなれる状態でした。刺激的でしたが、同時に怖さも感じていました。やるべき課題もなければ決まった目標もなく、明確な計画もないのは、このときが初めてでした。ストレスも感じましたが、自分がほんとうにやりたいことを見つけるためには、これ以上ない方法だったと思います。生活のために変わったバイトをし、何時間もビーチを歩いて考えごとにふけりました。

しばらくすると、神経科学に関する本を読みたいという気持ちがふつふつと湧いてきて、カリフォルニア大学サンタクルーズ校の生物学図書館に通い始めました。最初は月に一回でしたが、そのうち週に一回になり、最後は毎日通い詰めることになりました。

サンタクルーズに来て九カ月が過ぎた頃には、研究に戻ってもいいと思い始めました。でも、まだ大学院に戻る気にはなれません。わたしは、サンタクルーズからほど近いスタンフォード大学の神経科学の研究室を調べて、片っ端から手紙を書きました。経歴を記し、研究助手として使ってもらえないか問い合わせたのです。二、三週間のうちにすべての研究室から返事が来ましたが、どこもポストは一杯でした。ただ、ある研究室がわたしの手紙を麻酔科に回してくれて、そこの教授から電話をもらいました。手術の際、リスクの高い患者に使う医療機器の操作をする人を探しているので興味がないか、という打診でした。面白そうだと思い、飛びつきました。

それから何日も経たないうちに、わたしはスタンフォードで働いていました。夜明けとともに起きだし、手術用手袋をして患者をモニタリングしたのです。予期せぬことの連続でしたが、とても貴重な経験でした。このプロジェクトが終わると、神経科学の研究室に掛け合って研究助手として採用してもらい、最終的にスタンフォード大学院の編入に応募することにしました。入試委員会の集中砲火が待っていましたが、以前と違い意欲に燃え、経験も積んでいます。編入は認められました。正直いって、人生でいちばん誇らしい瞬間でした。今度は誰かのためではなく、自分自身のために大学院に行くことにしたのです。

わたしのしたことは回り道で、時間の無駄だと言う人もいるでしょう。でも、無駄なことなどひとつもありません。あちこち寄り道したことで、自分が何を目指しているのか、新鮮な目で見ることができました。そして、いろいろなことを試す時間があったおかげで、自分が何をしたいのか確信がもてるようにもなったのです。

進路は早めに決めなければいけない、決めたらそこから外れてはいけない、とプレッシャーを感じている人が多いようです。照準を定めたら、あくまでそれを追い求める「うちっ放し」のミサイルであろうとします。でも、物事はそんな風には進みません。何度も進路を変えた末に、ようやく自分の能力と興味に合致するものに出会える場合がほとんどです。

このプロセスは、製品開発やソフトウエア開発に似ています。**うまくいくまで実験を繰り返し、いろいろ試してみることが大切なのです。自分にはこれしかないと早いうちに決めつけてしまうと、行き先を間違えてしまうことになりかねません。**旧版の読者からもらった感想に、わたしが言いたかったことの本質を見事に捉えた一文がありました。「人は乗るべき列車ではなく、乗るべき時刻を気にしすぎているのですね」。

この先五〇年の人生計画を詳しく書き込んだ年表を見せてくれる学生に大勢出会いました。でも、悲しいかな、そうした計画は非現実的なだけでなく、足枷にもなります。将来には予想もしない出来事がいくつも待ち受けています。偶然の出会いが幸運につながるかもしれません。それを見ないようにするのではなく、目を見開いて見るほうがずっといいのではないでしょうか。

キャリア・プランニングは外国旅行に似ています。どんなに綿密な計画を立てて日程や泊まる場所を決めたとしても、予定になかったことがいちばん面白かったりするものです。素敵な人と出会って、ガイドブックにない場所を案内してもらえるかもしれません。列車に乗り遅れて、予定になかった小さな町を探検することだってあるでしょう。旅で記憶に残るのは、最初の予定になかった出来事のはずです。途中で目の前に飛び込んできて、驚きをもたらす予想外の出来事なのです。

ほかの人があまり言わない秘密をお教えしましょう。正しい決断なんてありません。社会に出て初めての役割がしっくり来なければ、何か新しいことにトライしてください。そして、それがしっくり来なかったら、別のことにトライしてください。それも最悪ならやめましょう。ぴたりとはまるものが見つかるまで、これを続けるのです。……Aがだめなら B、Bがだめなら C、この繰り返しです。

これはデートに似ています。最初にデートした人と恋に落ちて、一気に結婚まで行く可能性はごく低いもの。自分に合う人を見つけるには、できるだけ多くの人に会うことです。初デートでは失敗したり、がっかりしたりすることもあるでしょうが、発見のプロセスを楽しみ、不確実性を楽しむことができれば、うまくいく可能性がでてきます。

じつは、学校を卒業して以来、わたしは二年ごとにキャリアを変えてきました（仕事を変えたわけではありません）。これだと思えて落ち着いたのは、なんと四一歳のときでした。何より重要だと思うのは、完璧ではなかったけれど、過去の経験に何ひとつ無駄はなかった、ということです。経験する度にツールが増え、スキルの幅が広がりました。いまはそれらを毎日活用しています。ほかの人たちにもおなじような物語があります。彼らのキャリアパスをバックミラーで見ると、なるほど筋道が通っていたのだとよくわかるのです。

もうひとつ、あまり語られない秘密をお話ししましょう。社会に出るときに直面した不確実性は、その後もなくなることはありません。人生の節目に不確実性はつきものです。転職するとき、起業するとき、新しい人に出会うとき、子どもをもつとき、退職するとき。こうした決断や行動をすると、不確実性は高まりますが、その分、チャンスも広がります！

不確実性の対義語は確実性です。自分の人生がどうなるか、来月、来年、あるいは次の一〇年に何が起きるか、正確に知りたいと思いますか？　たいていの人はノーと言うでしょう。不確実であるとは、突き詰めると選択肢がある、ということです。それはチャンスにつながります。そして驚きにもつながっているのです。

人生のほとんどの出来事は、後から振り返ってみると、焦点が合ったように鮮明になります。自分のキャリアパスは、振り返ってみると、ちゃんと筋道が通っているのです。でも、将来の道はぼやけていて、不確実なことの連続です。視界が開けないと苛々してきます。それでも、新しい人や面白いプロジェクトとの出会いが多い組織で働いていると、大きなチャンスがめぐってくる確率を上げることはできます。

自分のキャリアを狭く捉えてなんとかしようとするのは間違いです。世界的なコンサルティング・ファームであるデロイトの西地区を統括するテレサ・ブリッグスの例を見てみましょう。

テレサは、駆け出しの頃からデロイトで監査業務に携わり、当然このまま行くものと思っていましたが一八年後に予想外の状況に直面することになります。新たな法律が施行され、監査人が継続しておなじ会社を担当することはできなくなったのです。別の監査人に交代して、法律を遵守した経営が行なわれているかどうかを精査するためです。

テレサの監査先は大手企業で、その担当を外れると、おなじような機会はありません。が、このときデロイトでは、新たにＭ＆Ａ（合併・買収）を手がけるグループを編成していました。M&Aはテレサの専門ではありませんでしたが、このグループでの重要なポジションを提示されます。テレサはそこでも自分のスキルを存分に活かせることに気がつきました。自分が目指した道ではなかったけれど、クライアントとの信頼関係を築く能力や、チームを統率する能力によって、新しいポジションでも頭角を現しました。

テレサはほどなく、ニューヨークにあるデロイトの国内本部に異動になりました。そこでも、リーダーシップとマネジメント能力を遺憾なく発揮しました。つぎに、シリコンバレー事務所の責任者への昇進を打診されます。今度はハイテク企業を相手に戦略を考えなければなりません。ハイテク業界特有の専門用語も覚える必要があります。ひとつひとつのステップは予想外のものでしたが、テレサは組織からつぎつぎと与えられたチャンスをモノにすることで、刺激的な役割や課題をこなせるようになったのです。

自分の生活やキャリアを頻繁に点検してみることも大切です。こうして自己評価をすると、自分の実力を発揮するには環境を変える必要がある、といったことがわかってきます。ほとんどの人は、自分の役割を頻繁に点検せず、おなじポジションにとどまり過ぎて、最適とはいえない状況に甘んじているようです。ひとつのポジションについて、どのくらい経ったら点検すべし、という決まりがあるわけではありませんが、どのくらいの頻度で点検するかは決めておくといいでしょう。

毎日、あるいは週に一度、自分の生活や仕事を振り返り、調整して、たえず最適化を図っている人たちがいます。一方で、何年も経ってから、行きたかった場所からずいぶん遠ざかったと気づく人たちもいます。自分が置かれた状況をしょっちゅう点検し、その都度、問題を解消する方法を探していけば、うまく回る可能性は高まります。ずるずると現状に甘んじていると、気づいたときには問題が大きくなり過ぎて、手に負えなくなるかもしれません。

日常のなかで頻繁にぶつかる問題は、芽が小さいうちに摘んでおくほうがいいのです。それを可能にするにはどうすればいいか？　**注意力を磨いて、ほんとうに変えるべきものは何なのかを見極めることです。**

状況によっては、文字通り自分の人生の見直しを迫られることもあります。たとえば家庭を持とうとすると、ゲームはがらりと変わります。子育てと仕事のバランスも考えなくてはいけません。子育てには時間がかかりますし、片手間にはできません。肉体的にも精神的にもきつく、気がつくと一日が終わっていた、ということもしょっちゅうです。

子どものことはたえず気にかかりますが、成長するにつれて必要なことは劇的に変わります。毎年、新たな責任と課題が突きつけられます。そのため子育ては、変化する状況に合わせて臨機応変に対処する機会になり、どんな状況にでも通用するスキルを培うのに役立ちます。子育てによって、複数の仕事を同時にこなす能力、重圧のなかで決断を下す能力が磨かれるのです。そして、じつは交渉術も習得できるのです。

女性の場合はとくに、家庭と仕事の両立が課題になります。ただ、わたしの経験からすると、これは大きなチャンスでもあります。従来の仕事のやり方だと融通が利かないので、否応なく工夫するようになります。子育てに必要なことは変化していくので、それに応じて責任の重さの違う仕事を試してみることもできます。

渦中にいるときはわからなくても、キャリアにはまだ先があり、幼い子どもに手がかかるのはほんの数年です。子どもが大きくなれば、それまで以上に仕事に打ち込み、キャリアアップすることだってできるでしょう。こうした考え方がぎゅっと詰め込まれた文章を紹介しましょう。一九九七年版のスタンフォードの学内誌に掲載されたものです。

一九五〇年にスタンフォード大学を卒業し、五二年に法学の学位を取得した女性がいます。次男の出産後五年間は有給の仕事に就かず、フェニックス・ジュニア・リーグや救世軍などのボランティア活動で忙しく活躍しました。その後、いちばん下の子が学校にあがったのを機に、州検事総長のオフィスでパートタイムで働くことにしました。

子どもたちと家庭で過ごした時間は、キャリアの妨げにはなりませんでした……

いまの女子大学院生は、自分の頃よりも環境に恵まれていると言います。

「ひとつの救いは、いまの女性の寿命が延びていることです。働く期間が長くなり、キャリアをいくつも変えていけるようになっているのです。だから二、三年とられたとしても、すべてが失われるわけではありません」

ちなみに、この女性とは、女性として初めて合衆国最高裁判事となったサンドラ・デイ・オコナーです。

わたしの経験に照らしても、まさしくこの通りだと思います。ただひとつわたしから助言するとすれば、**子どもが小さいうちは仕事を休むつもりなら、スキルを更新し、経歴に空白をつくらないために、細々とでもキャリアを続けられる方法を見つける努力をしてはどうでしょうか。あまり長いあいだ引きこもっていないほうが、復帰するのが楽だと思います。**方法はいくらでもあります。パートタイムでふつうの仕事をしてもいいし、ボランティアでもいいでしょう。それによってスキルを磨けるだけでなく、本格的に復帰するときに自信をもってフル稼働できるのです。

振り返ってみるとわかるのですが、私自身がキャリアを築くうえでもっと早くに知っておきたかったことは、わたしが受けた昔ながらのアドバイスとは逆でした。いちばん大切なアドバイスは何でしょうか？　仕事だと思わずに取り組める役割を社会のなかに見つけることだと思います。スキルと情熱と市場が重なる場所を見極められたとき、その役割は見つかります。

それはやりがいがあるだけでなく、プラスの方向に情熱を傾けることで、人生を豊かにしてくれます。ぴたりとはまる役割を見つけるには、実験を繰り返し、多くの選択肢を試さなければなりません。周りから暗に明に受け取っているメッセージを検証し、正しくないと思えば突っぱねることも必要です。

キャリアを重ねていくと、自分の現在地はどこで、目的地はどこなのかをたえず点検することが役に立ちます。そうしていると、物事が計画どおりに進まなかったときや、とびきりのチャンスがめぐって来たときに、素早く軌道修正ができます。

目の前の道がよく見えなくても心配しすぎないでください。目を細めても視界がはっきりするわけではありません。これは誰にでもあてはまります。**最終目的地に急ぎすぎないで。寄り道や思いがけない回り道をしてこそ、とびきり面白い人や場所、チャンスにめぐり会えるものなのですから。**

最後にもう一言。わたしの助言もそうですが、キャリアについてあれこれアドバイスされても、うんざりしないでください。**あなたにとって何が正しいかは、あなた自身が見極めるのですから。**

第8章

レモネードがヘリコプターに化ける

幸運は自分で呼び込むもの

息子のジョシュが大学で初めての期末試験を迎えたとき、「幸運を祈るわ」と電話したことがありました。すると息子は、「幸運なんてものはないよ。すべては努力次第だよ」と言い返してきました。息子は意欲的で、好きなことにはとことん打ち込むタイプです。とくに並外れたトレーニングと準備が必要な運動競技には情熱を燃やします。聞いた当初、息子の言い方は極端だと思いました。でも、よくよく考えてみると、正しかったのだと思います。自分のことを幸運だと思う人たちも、そこにたどり着くまでに、かなりの努力をしているものですから。

他の人ならできっこないとあきらめてしまうような目標に向かって、ひたむきに努力している息子を、わたしは感心しながら見守ってきました。そんな息子が一九歳のとき、重量挙げの大会に出ると言い出しました。それまで自転車と短距離の選手だったのですから、唐突な決断でしたが、デッドリフトの全米記録を破ろうと意気込んでいました。一流のトレーナーが北カリフォルニアにいることを探しあて、週に数回、片道二時間かけてトレーニングに通いました。重量挙げに関する本を読み漁り、筋肉をつけるために食事に気を配り、スポーツジムで何時間もトレーニングに励みました。

こうして何年かウエイト・トレーニングを続け、数カ月間集中的にトレーニングした末、腕試しに大会に出場することにしました。わたしと息子は朝五時に起きて、三時間かけて会場があるフレズノに向かいました。集まっていたのは、大会の常連選手ばかり。

息子が自分の成績にがっかりするかもしれないと心配になりました。

ところがどうでしょう。体重一九〇ポンドのクラスに出場した息子は、五八九・七ポンド（約二六七・五キログラム）を持ち上げ、州記録と全米記録の両方を塗り替えたのです。息子は幸運だったのでしょうか？　もちろん幸運でした。その日は、息子のためにすべてのカードが揃ったのです。でも、ひたむきな努力がなければ、記録を破ることはできなかったでしょう。

「幸運なんてものはないよ。すべては努力次第だよ」という息子のメッセージは、わたしが子どもの頃、父からよく聞かされたメッセージに通じるものがあります。父はこう言っていました。「努力すればするほど、運はついてくる」。父の格言は、幸運を呼び込むために何をすべきかを思い出させてくれました。成功する確率がとても低く、競争がどれほど激しくても、体と頭と心を十分に鍛え、準備すれば、可能性を最大化できるのです。

ゼロから出発した人が並外れた努力で幸運を引き寄せた、という話を聞くと、こちらまで元気になります。クインシー・ジョーンズ三世（ＱＤ３）から聞いた話を紹介しましょう。

音楽業界で伝説のクインシー・ジョーンズの息子だと聞けば、親の七光りで楽勝の人生だと思うかもしれません。でも、実際は違っていました。幼い頃、両親が離婚して、母親に引き取られたため、母の母国のスウェーデンで貧しい生活を送りました。母親は堅気とはほど遠く、薬物依存症に苦しんでいました。息子が学校に行っているかどうかにも無関心で、パーティに明け暮れ、明け方まで帰って来ないこともしばしばでした。ＱＤ３はひとりで育ったようなものでした。

街中で過ごすことが多かったＱＤ３は、路上で見かけるブレイクダンスに夢中になりました。朝から晩まで練習に明け暮れ、動きを完璧に自分のものにすると、すぐにストックホルムの路上で踊り始め、帽子を置いて通行人の寄付を募りました。そこでＬｅｖｉのスカウトの目にとまり、ツアーに参加しないかと誘われます。願ってもないチャンスに飛びつきました。

こうして扉の内側に足を踏み入れたわけですが、ＱＤ３はひたむきな努力を続けました。ダンスだけでなく、ラップ歌手のためのビート作成も手がけるようになりました。そんなとき、大きなチャンスが舞い込みます。ストックホルムのラップ・シーンを取り上げた映画のサウンドトラックを依頼されたのです。書きためていた曲のうち、一六歳のときに書いた「ネクスト・タイム」が五万枚以上売れて、最初のゴールド・レコードになりました。さらに、プロデュースしたトゥパック・シャクールに関するドキュメンタリーは三〇万組以上売れました。

ＱＤ３の成功の原動力になったのは、貧困から抜け出したい、自立したい、いつか世界一になりたいというハングリー精神でした。「ハートに火をつけ」てみずからを鼓舞し、その火が広がると、覚悟を決めてどんな努力も惜しまなかったのです。全身全霊で目の前の課題に取り組みました。ひたむきな努力が幸運を呼び込むことを、ＱＤ３は身をもって示しています。

ただ、長年の経験から思うのですが、幸運を呼び込むのに、努力はひとつのテコに過ぎません。道具箱には、幸運を引き寄せる磁石として使える道具がほかにもたくさんあります。そしてＱＤ３は、それらをすべて使ったはずです。

運は「本人の行動ではなく、一見偶然によってもたらされた成功や失敗」と定義されます。[*1]「一見」というのがミソで、じつは人それぞれ、幸運を呼び込むテコとして使える道具の長いリストを持っています。でも、幸運は偶然によってもたらされたように見えます。というのは、周りが注目するようになるのは、すべての道具が使われている状態のときだからです。

成功した人たちの背景を観察してきたわたしには、こう思えます。**幸運とは、小さな選択やささいな行動の積み重ねで、毎日少しずつ向上した結果、長期的に成功する確率が上がったことをいうのだと。**残念ながら、成功した人や偉業を成し遂げた人については、その人にチャンスが訪れた目立つ瞬間ばかりが注目されがちです。

『ライアーズ・ポーカー』や『マネー・ボール』などの数々のベストセラーを書いたマ

イケル・ルイスの例で考えてみましょう。プリンストン大学の卒業式の祝辞で、自分の成功は運に負うところが大きいと述べています。

ある晩、招かれたディナーでたまたま隣り合わせたのが、ウォール街の投資銀行ソロモン・ブラザーズの大幹部夫人でした。夫人が夫君に多少無理を言って就職を世話してくれました。ソロモン・ブラザーズについてはまったくといっていいほど知らなかったのですが、丁度、ウォール街は、いまの愛すべき姿に生まれ変わりつつある最中でした。入社してほとんど適当に配属されたのが、狂気に突き進むさまを観察するのに格好の部署でした。わたしはデリバティブのプロに仕立てられたのです。[*2]

マイケルはこの経験をヒントに投資銀行の内幕を赤裸々に描いた『ライアーズ・ポーカー』を執筆し、同書は一九八九年のベストセラーになりました。成功は運に負うところが大きいという彼の話はさらに続きます。

周囲は突然、わたしのことを生まれながらの作家だと言い始めました。これはバカげています。運がよかったというほうが的を射ていることくらい、わたしにもわかります。ソロモン・ブラザーズの関係者の隣に座る確率はどれだけでしょうか？ウォール街最高の会社の内部に潜入し、最先端の話を書ける確率がどれだけあるでしょう？　事業の内幕がよくわかる席に座れる確率はどれだけあるでしょうか？[*2]

早合点しないでください。単純化された、この物語を鵜呑みにしてはいけません。ディナーパーティで成功へのお膳立てをしてくれた隣席の婦人と会話する前も、会話しているあいだも、会話した後にも、マイケル・ルイスがやるべきことはたくさんありました。たった一度の偶然の出会いにばかり注目すると、ほんとうに起きた出来事から目がそらされます。

たしかに、ソロモン・ブラザーズへの就職を斡旋してくれる有力者の隣に座ったのは幸運だったでしょう。でも、長いあいだに、この女性の隣に座った人間は何百人といるはずです。その人たちを雇うよう夫にはたらきかけたわけではありません。そしてソロモン・ブラザーズには何千人と社員がいましたが、そのなかの誰ひとりとして自分の経験を書いてベストセラーにした人はいないのです。

マイケル・ルイスがこのチャンスに気づき、モノにできたのはなぜなのでしょうか？細菌学者のルイ・パスツールの有名な言葉があります。「幸運は準備ができた人に訪れる」。そのとおりだと思います。でも、「準備ができた人」とは正確にはどんな意味なのでしょうか？　幸運に恵まれ、それをつかむには何が必要なのでしょうか？

運にも「法則」があります。人生はすべて原因と結果でできているのですから。これは、人格の決定要因である遺伝と環境の関係に似ています。いまではよく知られていることですが、どちらも人格形成に関わっていて、深く結びついています。遺伝的要因が環境との関わり方に影響を及ぼし、環境的要因が遺伝の発現の仕方に影響を及ぼしています。

おなじことが、幸運と行動の関係にもいえます。幸運はわたしたちに起こる出来事を左右しますが、コントロールできるものは、わたしたちの行動によって変えることができます。運が先か行動が先か、いろいろ議論はありますが、結局のところ両者は分かちがたく結びついています。

わたしたちは、リードしたり、リードされたりしながら、世界を相手に途切れることのないダンスを踊り続けることになっているのだと思います。いったんダンスが始まると、運はかなりコントロールできます。運は行動の直接的な結果なのですから。もちろん、自分に起きる出来事すべてをコントロールすることはできませんが、出来事に対する反応をコントロールすることはできます。人生でのダンスで、いつリードするのか、どうリードするのかがわかったとき、運はついてきます。

たとえば、マイケル・ルイスの物語で、女性の隣に座ったのはたまたまですが、その機会を存分に活かして印象づけたからこそ、夫に紹介してもらえたのでしょう。婦人の隣に座ったときは「リードされる側」でしたが、会話をし始めたときに「リードする側」になったのだと思います。それが将来の機会につながりましたが、リードする機会でもあり、リードされる機会でもありました。そして、本を執筆している過程や、それをもとにした映画製作に関わるなかでも予想外の出来事が起こり、リードされる側からリードする側に変わる機会が幾度となく訪れたはずです。

わたしたちが人生で踊るダンスには複数のパートナーがいます。世界、ほかの人たち、自分自身。つまり、同時にいくつものダンスを踊っているのです。それぞれのダンスは影響し合うので複雑になります。こうした関係の基礎にある法則を理解すると、いい準備が整って、運を呼び込みやすくなるのだと思います。

日常生活での「運」という言葉の使われ方に惑わされないでください。たいていは言い訳に使われています。たとえば、成功者は運がよかったからだとよく口にしますが、自分が使ったスキルをさりげなく隠すために「運」という言葉を使っています。他人にも自分にも、成績がふるわなかったのは運が悪かったからだと言って慰めることもあります。でも、注意深い観察者なら、カーテンの向こう側に目を凝らし、実際に何が起きたのか、運（Fortune）なのかチャンス（Chance）なのかツキ（Luck）なのか見極めることでしょう。

これら三つの言葉は定義しておくことが重要です。往々にして取り替え可能な言葉として使われていますが、じつはかなりの違いがあるのです。とくに、「エージェンシー」との関係、各自がコントロールできる量が違っています。

フォーチュン（運）は、あなたに起きることです。やさしい家族のもとに生まれたのは幸運で、雷に打たれるのは不運です。

チャンスには、あなたの行動が必要です。サイコロを振る、宝くじを買う、デートを申し込むといった行動を起こしてチャンスをつかまなければ、チャンスは活かせません。

ラック（幸運、ツキ）は、可能性を見出し、作り出すことによって生まれます。あなたの行動の直接の結果です。たとえば、すばらしい仕事を紹介されるのは幸運です。転職エージェンシーはいろいろありますが、確実なことはわかりません。あなた自身がスキルを身につけ準備を整え、積極的に応募する必要があります。

「運」、「チャンス」、「幸運、ツキ」という言葉が混同されているのは、自分の運命をどれだけコントロールできるかがきちんと認識されていないからだと思います。自分ででできることは思っているよりずっと多いのに、不運だった、幸運だったといって、単なるめぐり合わせのせいにします。よくよく見ると、小さな選択が積み重なった結果だということがわかるはずです。ひとつひとつの積み重ねが将来に起こる出来事の舞台を用意します。以下の四通りの同僚との会話をくらべてみてください。

会話1

サラ　：こんにちは。元気？
ジョー：元気だよ。君は？
サラ　：忙しすぎて、ストレスが溜まっている。
ジョー：**働きすぎなんだよ。**

会話2

サラ　：こんにちは。元気？
ジョー：元気だよ。君は？
サラ　：忙しすぎて、ストレスが溜まっている。
ジョー：**気の毒に。**

会話3

サラ：こんにちは。元気？

ジョー：元気だよ。君は？

サラ：忙しすぎて、ストレスが溜まっている。

ジョー：**僕に何か手伝えることある？**

会話4

サラ：こんにちは。元気？

ジョー：元気だよ。君は？

サラ：忙しすぎて、ストレスが溜まっている。

ジョー：**〇〇を僕がやったら、君の負担は軽くなるかな？**

四つの会話は似て非なるものです。それぞれの会話の後、サラのジョーに対する態度や関係は大きく違ってくるでしょう。会話1から順に後にいくほど、ジョーは思いやりがあり、サラの問題を解決する方法を具体的に提案しています。サラがほんとうに困っていたら、手伝おうというジョーの申し出はありがたく、恩義を感じ、将来ジョーが困ったときには助けようという気持ちになるでしょう。

もちろん、会話1や会話2のような対応をしても、ジョーが絶交されるわけではありません。ですが、サラとの信頼関係を築く機会を逃しています。ジョーは自分が逃した機会の数々に気づくことすらなく、年月を重ねていくかもしれません。

会話3、会話4では、ジョーはサラと有意義な関係を築いています。信頼関係ができていれば、好機がめぐってきたとき、サラはジョーを応援したくなるでしょう。たとえば、それでジョーが昇進したとき、周りはジョーの行動の積み重ねに気づかず、ただ運がいいと言うかもしれません。でも実際には、人を助けたら、相手もこちらを助けたくなるものなのです。

他者と信頼関係を築く機会は、日々たくさんあります。成功した起業家でベンチャーキャピタリストのハイディ・ロイゼンが、記憶に残る実例を話してくれました。子どもが大学を中退して精神的に参っているときに、新会社設立の説明をしたいという人物と会う機会がありました。目を潤ませた彼女は、子どもが大学を中退したばかりで感情的になっていて申し訳ないと伝えました。

ところが相手は、慰めることも気の毒がることもなく、いきなりラップトップを開いて新会社の説明を始めたそうです。この人と仕事をすることはない、ハイディはそう思って会議を終えました。ほんの少しでも事情を聞いたり、やさしい言葉をかけたりしていたら、この人物とその事業に対するハイディの見方は大きく変わっていたことでしょう。

基本的には、運の法則を理解することによって、より良い準備ができ、望ましい目標に近づく機会を見つけ、つかむことができるようになります。そうすれば単に生き残るだけでなく、いきいきと充実した人生を送ることができるでしょう。一六九ページの四象限のマトリックスは、世の中との関わり方によって機会を見つけ、つかめるかどうかが変わってくることを示しています。

四象限の左上の人たちは、機会には気づきますが、それを活かそうとはせず、ほかの人に譲ることになります。機会に気づくだけの観察力はあるのですが、それをもとに行動しようとはしません。ほかの人の成功を見て、「自分にもできた」とか「アイデアには気づいていた」と言いそうです。機会に気づきながら、それを活かす行動を取らなかったのですから、苦い思いをすることになります。

右下の人たちは、機会はつかみますが、環境をかえりみず、状況をよく把握しないままむやみに行動を起こします。たとえば、顧客の真のニーズを理解せずに事業をスタートさせます。そのため、アイデアが花開かず、最適な成果がでないため驚いたり、落胆したりすることになります。

左下の人たちは、機会に気づくことも、つかむこともありません。よく観察して機会を活かそうということがなく、ただ人生をやり過ごします。ほかの人が先を越していくのを眺め、チャンスが素通りしていったと文句をいいます。これは愚かというしかありません。

右上の人たちは、注意深く機会を見つけ、それを活かす方法を考えます。彼らこそ「幸運」で、ツイている人たちです。機会を見つけ、つかもうと行動を起こします。

じつは、右上の象限に移る方法はあります。イギリスのハートフォードシャー大学のリチャード・ワイズマン教授は、幸運について研究し、「運に恵まれる人たち」には、一般の人よりもツキを呼び込みやすい共通の資質があ

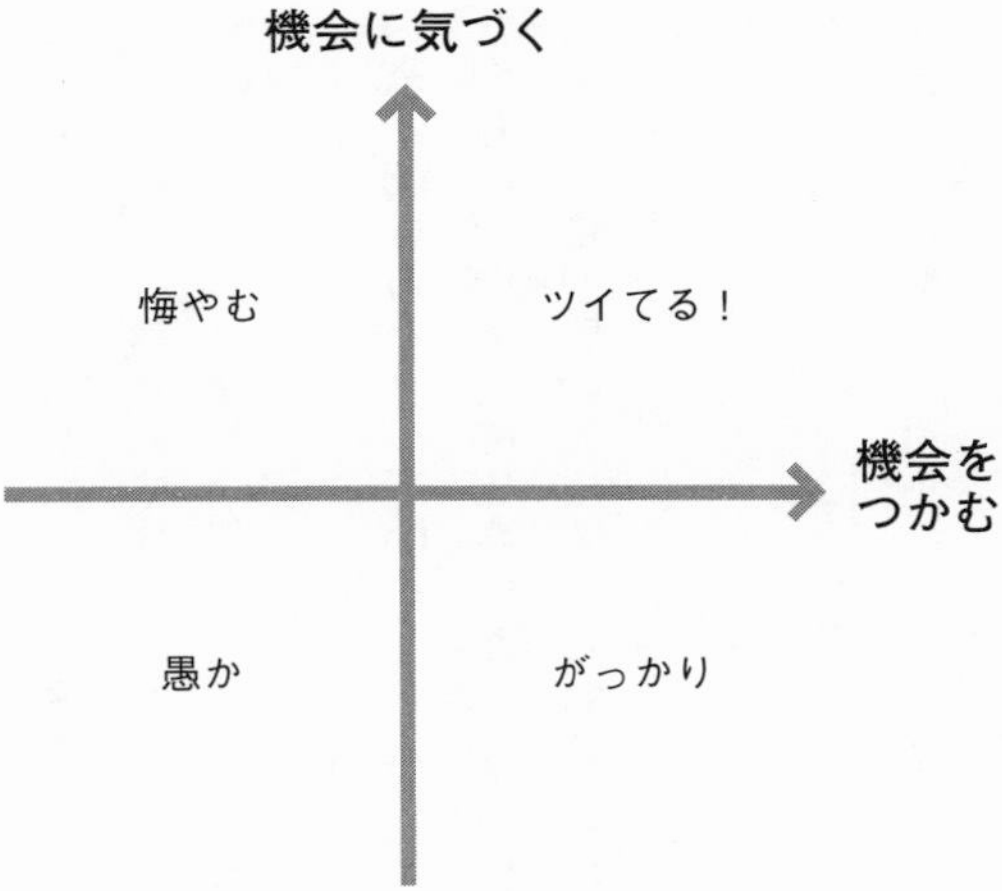

ることを発見しました。

第一に、訪れたチャンスを活かします。自動運転モードで生活するのでなく、周囲で起きていることにたえず注意を払うことで、そのときどきの状況を最大限に活かすことができるのです。コミュニティのイベント情報に詳しく、近所に越してきた人がいれば、いち早く気づきます。困っている友人を力づけるのもこういう人たちです。**幸運な人たちは、初めての機会を歓迎し、経験のないことにも積極的に挑戦します。**よく知らないジャンルの本を読み、あまり知られていない場所に出かけ、自分とは違う人たちとも交流します。

運に恵まれる人は、楽天的であり、自分にいい事が起きると思っています。人と会うときは相手の目を見て、笑顔もたやしません。だから、いい人との出会いがあり、出会いの輪も広がります。それによって、さらにチャンスの扉が開かれます。これは自己実現の予言になります。というのは、物事が期待どおりに進まなくても、最悪の状況から前向きな成果を引き出す方法を見つけるからです。

こうした姿勢は、周りの人たちに好影響を与えるとともに、一般には苦境とも見られる状況もプラスの経験に変えられるのです。周りをよく観察し、開かれた心を持ち、人あたりがよく、楽観的な人はツキを呼び込みます。

身近な例をお話ししましょう。数年前、地元の人がよく利用する小さな食料品店を訪れたときのことです。冷凍食品売り場にいると、幼い娘を連れた男性から、缶入り冷凍レモネードの使い方を教えて欲しいと頼まれました。耳慣れないアクセントで、地元の人でないのはすぐにわかりました。わたしはレモネードのつくり方を教え、どこから来たのか尋ねました。

チリのサンティアゴ出身とのこと。わたしはさらに、男性の名前と、どうしてスタンフォードに来たのかを尋ねました。とくに意図があったわけではありません。ただの好奇心からでした。名前はエドアルドで、起業家精神を学びに一年前に家族とやって来たとのことでした。家族経営の事業を承継することになっていて、事業を革新するツールを求めていたのです。わたしはスタンフォード大学工学部の起業家講座を紹介し、喜んで力になろうと申し出ました。それから数カ月、エドアルドを起業関連のさまざまな人に紹介し、感謝されました。

あっという間に二年が経った頃、会議でサンティアゴに行くことになったわたしは、コーヒーでも一緒に飲まないかとエドアルドにメールを出しました。ぎりぎりになって届いた返信には、コーヒーを一緒に飲むことはできないけれど、わたしの同僚と一緒にサンティアゴのダウンタウンのある場所に招待したいと書いてありました。

オフィスを訪ねたわたしたちは、屋上に案内されました。そこにはエドアルドの自家用ヘリコプターが待機していました。これでサンティアゴの街を案内してくれるというのです。街を取り囲む山々よりも高く舞い上がったヘリコプターからは、サンティアゴの街が一望できました。眼下にはエドアルドの一族専用のスキー場まで見えます。思いがけない、すばらしい体験でした。そもそものきっかけは、レモネードのつくり方を教えてあげたことでした。

もちろん、ヘリコプターに乗りたくて、そうしたわけではありません。でも、わたしが「幸運な」体験ができたのは、その場に身を置き、誰かの役に立ちたいと思い、二年経っても連絡を取ろうとしたからこそなのです。これまでの章では、レモン（＝問題）をレモネード（＝チャンス）に変える方法を紹介しました。でも、幸運はそれ以上のことをしてくれます。レモネード（＝よいこと）をヘリコプター（＝すばらしいこと）に変えてくれるのです。

一方で、ほんとうに運に恵まれず、ツイていない人たちはいます。こうした人たちは観察力がなく、頑なで、非友好的で、悲観的です。「運の秘密」[*3]というビデオを見ると、それがよくわかります。ウエスト・ヨークシャーのトッドモーデンという小さな町を舞台にしたドキュメンタリーで、そのなかに、とことん運がないと自嘲するウエインという男性が登場します。そこで、さまざまな仕掛けをして、ウエインがどんな反応を示すのかを追っていきます。

ウエインはたしかにツイていません。プロデューサーがあらゆる類の幸運の機会を差し出しても、ことごとく退けてしまいます。たとえばウエインは精肉店の店主なのですが、そこに市場調査を装って近づきます。肉の切り方に関する調査で謝礼もでます。でもウエインは調査には答えず、謝礼をもらうチャンスを逃します。郵便箱にスクラッチ式の宝くじを入れておいたこともありました。削ればテレビが当たることになっていましたが、スクラッチしないのです。一瞥してゴミ箱に捨てただけでした。またしてもチャンスを逃したのです。さらに舗道に本物の五〇ポンド札を置いておきましたが、またいで通り過ぎてしまいました。

プロデューサーはなんとかウエインの気を引こうと、最後にトラックの側面に「ウエイン、〇〇の番号に電話をください」と書きました。カメラは丸一日、サインに気づかないまま町中を移動するウエインを追います。最後の最後に気づいたウエインが番号に電話してみると、留守電でした。そこへプロデューサーが登場し、仕掛けを暴露しました。それを聞いたウエインは、自分がツイていないのは、自分自身のせいだと悟ったのでした。

扉はたくさんあり、その向こうには驚くほどのチャンスがあります。扉を開けようとしさえすればいいのです。チリ大学のカルロス・ビグノロは、よくこう言います。どこかに出かけて、新しい人と出会わないなら、友達をつくる機会と一〇〇万ドルを儲ける機会を逃したということだ。学生にはこう言っているそうです。バスに乗るたびに一〇〇万ドルが待っていると思え、見つけさえすればいいだけだと。

もちろん、この場合の「一〇〇万ドル」は物の喩えであって、新しい何かを学ぶことであり、友達をつくることなのですが、ときには一〇〇万ドル儲けることがあるかもしれません。じつは、この本が生まれたのも、飛行機で隣り合わせた人と話したのがきっかけです。その後のいきさつについては、巻末の「読者のみなさんへ」に詳しく書きましたので是非お読みください。ともかくも、あのときわたしが話しかけて会話が始まっていなければ、この本が世に出ることはありませんでした。

毎日の一瞬一瞬が運を磨く機会です。大きな機会もあれば、小さな機会もあります。じつは、幸運に恵まれるとは、雷に打たれるようなことではなく、風をつかまえるのに似ていると思います。適切な姿勢とツールをもって帆を立てれば、幸運という風が吹いてきたとき、それをつかまえることができます。この風はつねに吹いていますが、やさしく吹くときもあれば、激しく吹くときもあります。思いもかけない方向に吹くときもあります。帆を上げているとき、準備はできています。微かな風であっても、ゆっくりと目的地に案内してもらうことはできます。そして風が強まったら、そのときは準備万端です[*4]。

どんな状況にもいくつもの可能性が眠っていて、それを見つけ、つかまえるかどうかはあなた次第なのです。赤いランプが点滅してチャンスを教えてくれるわけではないのが難なのですが。

『発想する会社！』を書いたトム・ケリーは、日々、身のまわりの環境に敏感になること、外国人旅行者の目になることが必要だと言います。わたしたちはふだん、ブラインドを下ろし、踏みならされた道を歩きがちで、立ち止まって周りを観察することは滅多にありません。でも、外国を旅すれば、見るものすべてが新鮮で、密度の濃い体験ができます。視点を変えることで、毎回面白い発見ができるのです。

スコットランド企業研究所の所長ジェイムズ・バーローは、この点を教えるために、ちょっと意地悪な演習をしています。クラスをいくつかのチームに分け、各チームでジグソーパズルをいかに早く完成するかを競ってもらいます。じつは、パズルのピースの裏には一から五〇〇まで通し番号を振ってあるので、番号に気づきさえすればパズルはあっという間に完成します。でも、ほとんどのチームは、目の前の番号になかなか気づきません。まったく気づかないチームもあります。よくよく観察するだけで、運を上げることはできたのです。

この点を認識してもらうために、わたしの授業では単純な演習を行なっています。学生を地元のショッピングセンターなど、馴染みのある場所に送り込みます。何店かを回り、ふつうは「目に見えない」ものに注意を払う「実験」を遂行してもらいます。学生は、音や匂い、手ざわり、色などに気づきます。そのほかにも、店の体制や客への対応といったことが見えてきます。おなじ場所なのに、以前は気にもとめなかったことを次々と発見するのです。いかにぼんやりと日常を過ごしていたかに気づき、学生は愕然として戻ってきます。

幸運に恵まれる人たちは、身のまわりに注意を払い、面白い人に会っているだけではありません。自分の知識と経験を活用し、組み合わせるユニークな方法を見つけています。たいていの人は、すばらしい素質をもっているのに、その活かし方がわかっていません。これに対して**運のいい人たちは、自分の知識や人脈の価値をよく知っていて、必要なときにそれを駆使しています。**

この点を雄弁に物語っている例として、もう一度、二〇〇五年のスタンフォード大学卒業式でのスティーブ・ジョブズのスピーチの一部を見ていきましょう。ジョブズは大学に通う意義が見つからず、授業料も両親の払える額ではなかったことから、六カ月で中退しました。本人の弁を聞きましょう。

当時のリード大学はおそらく、アメリカで最高のカリグラフィー（装飾文字）の授業を行なっていました。キャンパス内に貼られたポスターや引き出しのラベルの文字は、すべて手書きの美しい飾り文字でした。わたしは中退して必修科目の授業を受ける必要がなかったので、カリグラフィーの授業を取って、手法を学ぶことにしました。セリフとサンセリフの書体、文字の組み合わせにより文字間のスペースを変えること、すばらしい写植はどこがすばらしいのかを学びました。美しく、歴史があり、科学では捉えきれない芸術的な繊細さがありました。わたしにはそれが魅力的だったのです。

どれひとつとして、わたしの実生活に役立つ見込みがあったわけではありません。でも一〇年後、最初のマッキントッシュを設計しているときに、一挙に蘇ってきたのです。そして、それらをすべてマッキントッシュの設計に取り入れました。マックは美しい印刷技術を備えた最初のコンピューターでした。……もちろん、大学時代のわたしが、将来を見越して点と点をつなぐことなど不可能でした。でも、一〇年後に振り返ってみると、点と点がつながっていたのは明白なのです。[*5]

このスピーチで強調されているのは、経験がいつ役立つかわからない、ということです。スティーブ・ジョブズは開かれた心の持ち主であり、好奇心も旺盛でした。だから目先の利益にとらわれず、さまざまなことを経験し、予想もしない形で知識を活かすことができました。経験を積み、知識の幅が広がれば広がるほど、自分の引き出しは増える――そのことを教えてくれているのです。

創造性に関するわたしの授業では、アイデアを思いも寄らない形で組み合わせることで大きな価値が生まれることを示し、発想力を鍛えています。このスキルを磨けば、自然にそうできるようになります。たとえば、一見かけ離れた概念を、喩えを使って説明することによって、身近な問題の意外な解決法を思いついたりするのです。授業では、簡単な演習でこの点をあきらかにしています。チームごとに、以下の空欄にあてはまる文章をできるだけ書いてもらいます。

アイデアは、○○○○○に似ている。
なぜなら、○○○○○だからである。
したがって、○○○○○である。

何百と集まった独創的な回答の一部を紹介しましょう。どのケースでも、喩えによって、アイデアについて新しい見方ができるようになります。

- アイデアは赤ん坊に似ている。なぜなら、誰もがかわいいと思うからである。したがって、自分自身のアイデアを吟味するときには客観的でなければならない。

- アイデアは靴に似ている。なぜなら、どちらも馴染まなければならないからである。したがって、新しいアイデアを評価するときには時間を取るべきである。
- アイデアは鏡に似ている。なぜなら、周りの環境を映すからである。したがって、多様なアイデアを集めようとするなら、環境を変えることを検討すべきである。
- アイデアはしゃっくりに似ている。なぜなら、始まるとなかなか終わらないからである。したがって、アイデアの連続性を活用しなければならない。
- アイデアは泡に似ている。なぜなら、簡単に弾けるからである。したがって、大切に扱わなければならない。
- アイデアは車に似ている。なぜなら、目的地に連れて行ってくれるからである。したがって、乗り続けなければならない。
- アイデアはチョコレートに似ている。なぜなら、みんなが好きだからである。したがって、しょっちゅう補給しなければならない。

・アイデアは麻疹に似ている。なぜなら、伝染するからである。したがって、自分自身でアイデアを思いつきたいなら、アイデアをもった人たちと行動を共にすることである。

・アイデアはワッフルに似ている。なぜなら、できたてがいちばんだからである。したがって、たえず新しいアイデアを思いつくのが大事である。

・アイデアは蜘蛛の巣に似ている。なぜなら、見た目よりも強いからである。したがって、過小評価してはならない。

この演習では、身近なものにヒントを求めることによって、想像力の翼を広げているのです。なかには、こうした連想が自然にでき、そこから価値を引き出す独自の方法を見つけられる人もいます。こうした人たちは、スティーブ・ジョブズのように、点と点を結びつける方法をつねに探していて、アイデアを実現するための努力をしているものです。

具体的な例をいくつか紹介しましょう。ペリー・クレバーンは一九九一年に足首を骨折しました。無類のスキー好きのペリーにとって、骨折で一シーズンを棒に振るのは耐え難いことでした。でも彼は、この不運を幸運に変える方法を思いついたのです。リハビリをしているあいだ、スキーの代わりにならないかと思い、木製の古いスノー・シューズを取り出して、ターンしてみました。でも、まったく使い物にならず、がっかり。でもそこであきらめるようなペリーではありません。スノー・シューズをクローゼットにしまいこんで足首が完治するのを待つのではなく、新しいスノー・シューズを自分でデザインしようと思いたったのです。当時、プロダクト・デザインを専攻していたので、学んだ技術を使って自分の問題を解決しようと考えたわけです。一〇週間で八種類の製品をデザインしました。ウィークデーには学校の機械室で試作品を作り、週末になると山に行って試し履きしました。一〇週目が終わる頃には、特許を申請できる発明になっていました。

デザインが完成すると、何足かを自作し、スポーツ用品店に売り込みに行きました。仕入れ担当者は、一瞥するなり「これは何ですか?」と聞いてきました。それまでに見たものとは似ても似つかない形だったのです。そもそもスノー・シューズの市場などありませんでした。でも、ペリーはあきらめませんでした。スキーはできないけれど、雪山で過ごしたい人が大勢いることはわかっていたからです。だったら、市場は自分でつくればいい、そう考えたのです。

ペリーは毎週末、スポーツ用品店の販売担当者を雪山に連れて行き、自分の作ったスノー・シューズを試してもらいました。客にこの靴を売り込んでもらわなくても構わない。ただ、スノー・シューイングという新しいスポーツの醍醐味を味わって欲しい、そう伝えました。販売員は気に入り、仕入れ担当に伝えました。その甲斐あって、ペリーの靴は店頭で扱ってもらえることになりました。でも、ペリーの挑戦はさらに続きます。

ペリーの靴を買っても、客には使い方がわかりません。そこで、スキー場にスノー・シューイングを宣伝してもらおうと考え、全米を回りました。専用のコースを設け、利用客向けの地図を作り、利用券を発行し、安全を確保するために監視員を置いてくれるよう掛け合いました。これですべてのピースが揃い、スノー・シューズの市場はゼロから五〇〇〇万ドルに一気に膨らんだのです。ペリーの会社、アトラス・スノーシューは、その後、K２に売却されました。そしてスノー・シューズとスノー・シューイング専用コースは、いまでは広く利用されています。

ペリーは骨折という不運に心まで折れることなく、悪い流れを良い流れに変えたのです。それができたのは、足首の骨折、雪山で過ごしたいという願望、新製品をデザインできる技術、スノー・シューズを改良すれば喜ぶ人たちがいるはずだという勘、こうしたさまざまな点と点をつなげてチャンスを見出したからでした。最終的にうまくいったわけですが、それまでに膨大な時間と労力を注ぎ込み、粘り強くやったからこそ成功できたのです。

多くの人は、途中で投げ出すか、壁にぶつかる度に立ち止まっていたことでしょう。ですがペリーは、新たな障害にぶつかる度にチャンスを見出しました。そして、ひとつひとつ乗り越えた結果、すべてのピースが揃い、好ましい結果の出る確率が大幅に上がったのです。リチャード・ワイズマンの言う「あらゆるスキル」を動員したからこそ、起こりえたのです。つまり、観察力が鋭く、外向的で、冒険心に富み、楽観的で、なおかつ物事に懸命に取り組む。最終的な目標を達成するうえで、これらの資質のひとつひとつが重要でした。

ペリーは驚異的な粘りで障害を克服し、幸運を呼び込んだわけですが、わくわくするチャンスを探すことで幸運を呼び込んでいる人たちは大勢います。デーナ・コールドウッドの物語を知れば、納得していただけるのではないかと思います。デーナは高校以来、演劇に夢中になり、学校演劇にのめり込みました。デーナとわたしはニュージャージー州のサミット高校の同級生で、二人とも熱心な「演劇ファン」でした。わたしにとって演じることは趣味でしたが、デーナは演出家になることを夢見ていました。そして、その夢をかなえるべく、高校を卒業するずっと前から運を磨いていました。

デーナは怖いものしらずでした。演劇部の部長に、次の大きな舞台で演出を任せて欲しいと直談判しました。そんな大任をやりたいと自分から言い出した人はいません。でも、教師は賛成しました。デーナは権威のある人に指名されるのを待ちませんでした。あくまで自分がやりたいことを口にしただけでした。この瞬間、デーナの演出家としてのキャリアが始まったのです。

その後、彼は地元のメトロポリタン歌劇場で上演される芝居を演出するまでになりました。この劇場には、高校の先輩で、ハリウッドで活躍している映画監督が客員として来ていて、デーナにとっておきのアドバイスをくれました。小さな劇場でも大きな劇場でも、演出の技術は変わらない。これを聞いたデーナは、より高みを目指す自信が持てました。

その後、ニューヨーク大学に進学して映像を学びましたが、その間もあらゆるチャンスを捉えて、最大限に活かしました。ゲスト講師の授業では、授業が終わった後も居残り、もっと聞きたいことがあるのでまた会って欲しい、ほかに会うべき人がいたら紹介して欲しいと頼みました。映像制作の課題も、最大限に活用する方法を習得しました。最初は、クラスメートとおなじように、友人に出演してもらっていました（わたしがデーナ版の『サイコ』で有名なシャワーのシーンに出演したのはそういうわけです）。

でもデーナは、有名俳優に出演してもらえる可能性があることに気づきました。テレビ番組の制作を学ぶ授業で、短時間の番組をつくる課題が出たとき、ほとんどのクラスメートはお互いにインタビューし合ってお茶を濁していました。でも、デーナはアカデミー女優のエステル・パーソンズに出演を依頼したのです。

ちょうどトニー賞にノミネートされた舞台に出演中でしたが、快く承諾してくれました。デーナはまたしても、実現するかどうかはわからないけれど、わくわくするような別の選択肢に注目することで、運を呼び込んだのです。自分が望むものを求めて、自分から近づいていったのです。

デーナは、つぎつぎと大きな挑戦をしていきました。そしてついに、人気トーク番組の『レイト・ナイト・ウィズ・コナン・オブライエン』のディレクターの就任依頼が舞い込みました。これを何年か務めた後、トーク番組の『レイチェル・レイ』や（アメリカ版「料理の鉄人」の）『アイアン・シェフ』のディレクターも務めました。二〇歳のとき、その後の自分の歩みを知っていたら、あまりの運の強さに恐れおののいたことでしょう。デーナの運の強さは、自分が得た知識を、目の前のやるべきことに注ぎ込んだことから来ていると思います。経験のないことでも、やらせて欲しいと直談判する度胸がありました。そして、ひとつひとつ経験して飛躍する度に、新たなヒントや知識が得られ、それを武器により大きな挑戦を続けたのです。

小さな舞台も大きな舞台も演出するのは一緒、という教訓を、デーナは早い段階で自分のものにしました。そしてそれが、より大きな跳躍台に飛び移る自信となり、舞い込んだチャンスをモノにすることができたのです。多くの人は、飛ぶのが怖く、小さな場所に留まることを好みます。そして、気心の知れた仲間と小規模なプロジェクトに取り組む利点をいくつも挙げていきます。大きな舞台を夢見ながら、いま居る場所と、目指す場所との距離の遠さに怯んでしまう人もいます。デーナの物語が教えてくれているのは、**身近なチャンスをひとつひとつモノにすることで、ゆっくりとではあっても確実にステージは上がる、そしてその度に最終目標に近づいていく**、ということではないでしょうか。

運は風のようなもので、つねに吹いていることを理解すれば、自分の運を磨くことはできます。幸運の風をとらえることができるかどうかは、あなた次第です。風をつかまえるために、できることはたくさんあります。訪れた機会を歓迎する、チャンスが舞い込んだら最大限に活かす、身のまわりをしっかり観察する、出会いの輪を広げる、そして、その付き合いをできるだけいい方向で活かす。

自分自身で運を呼び込むとは、**つまるところ悪い状況を好転させ、いい状況はさらに良くすることです。幸運に恵まれる確率は大幅に高めることができます。そのためには、できるだけ幅広い経験をして、その経験をユニークな形で結びつけること。そして、怯むことなく、自分が人生を演じたいステージに上がろうとすることです。**

第9章

賢明な行為は正しい行為?

自分の評判を守り、高める

一〇歳の誕生日に母からもらった一束のカードが、わたしにとって最高の贈り物になるなんて誰が想像できたでしょう。明るいブルーのカードで、表にはブロック体で「ティナ」と印字してありました。母は一〇歳のわたしに、お礼状の書き方と、お礼状を書くことがいかに大切かを教えてくれたのです。大正解でした。じつは、大人になって社会に出てからも、母にはよく教えを請いました。社会人としてどうふるまえばいいのか、母ならたいていのことを知っていると思ったからです。でも、いちばんの教えが、お礼状の大切さであることはいまも変わりません。

それ以来、わたしは感謝の気持ちをもつことと、感謝の気持ちを示すことの大きな違いを学びました。**感謝の気持ちをもつと、心と体が健康になり、眠りが深くなり、生産性が向上することが研究によってあきらかになっています。でも、感謝の気持ちをもつだけでは十分ではありません。自分のために何かしてくれた人に対して、気持ちをきちんと伝えてこそ、感謝は活きてきます。**

あなたのために何かしてくれたということは、機会費用がかかっていることを忘れてはいけません。つまり、あなたのために時間を割いてくれたのだとすれば、その人自身やほかの誰かのために割く時間を削って、そうしてくれたのです。自分の頼み事などたいしたことはないと思いがちですが、忙しい人にとって、たいしたことはない頼み事などありません。自分のやっていることを中断して、わざわざ時間を割いて、あなたの願いに応えてくれたのです。それがわかっていれば、お礼を言わないなんてありえません。お礼状は書くのが当たり前で、書かないのはよほどの例外だと思ってください。残念ながら、実際にそうしている人は少ないので、まめにお礼状を書けば目立つこと請け合いです。

これまで感謝の気持ちを表す方法をいろいろ試してきましたが、習慣になったことがあります。毎日一日の終わりにその日の出来事を振り返って、プロジェクトの打ち合わせで会った人やランチを一緒にした人に、短いお礼のメールを書くのです。ほんの二、三分ですが、自分のために時間や労力を割いてくれた人に思いを馳せる時間です。それだけで感謝の念が強くなり、わたしの人間関係も違ってきたと実感しています。

人生に大きな違いをもたらすものは、ささいなこともあれば、大きなこともあります。直感的に理解できることもあれば、意外なこともあります。学校で教わることもありますが、たいていのものは教えられていません。こうした「ささいなこと」をわかっていなかったばかりに、わたしは何度も痛い目に遭ってきました。取り返しのつかない失敗をしたこともあります。

そんなわたしが、みなさんに何より覚えておいて欲しいことがあります。世の中には、たった五〇人しかいない、ということです。もちろん、実際にそうなのではありません。ただ、行く先々で知り合いや知り合いの知り合いに出くわして、ほんとうに世の中には五〇人しかいないのではないかと思えることが度々あるのです。

隣に座った人は、自分の上司や部下になるかもしれません。顧客になるかもしれません。義理の妹になる可能性だってあります。人生には、おなじ人が役割を変えて登場することがままあります。私自身、かつての上司が助けを求めてきたり、逆にわたしがかつての部下に教えを請うたりする場面が何度もありました。わたしたちの演じる役割は、時とともに意外な形で変わり続けます。そして驚くことに、人生で何度もおなじ人に出会うのです。

それだけ世間は狭いのですから、怒りにまかせて取り返しのつかないようなことはしないのが鉄則です。どうしても好きになれない人もいるでしょうし、自分もまた誰からも好かれるわけではないのですが、だからといって敵をつくる必要はないでしょう。転職しようとすると、面接担当者が知り合いの知り合いだったということはよくあります。こうした形で行く先々で評判が伝わるのです。評判がよければ有利になりますし、悪い評判が立っていると不利になります。

つぎのような場面には何度も出くわしました。あるポストに応募し、面接を受けていますが、候補者は大勢います。面接はうまくいったとしましょう。面接担当者は履歴書を見て、あなたが自分の友人の下で働いていたことに気づきます。そこで面接終了後、その友人に電話をかけてあなたのことを尋ねます。元上司が率直に答えたことで、あなたの就職が決まるかもしれませんし、ばっさり切られるかもしれません。就職が決まったと思っていたのに、不採用通知を受け取ることも少なくありません。その理由はまずわかりません。

評判ほど大事な資産はないのですから、しっかりと評判を守ってください。とはいえ、多少のヘマをしても、ひどく落ち込む必要はありません。時が経てば、評判を取り戻すこともできます。わたしは長年の経験から、この点を理解するのに役立つ喩えを思いつきました。

人との関わりはすべて、プールに落ちる水滴に喩えることができます。関わりが増えれば水滴は溜まり、プールの水深は深くなります。ポジティブな関わりは透明な水滴で、ネガティブな関わりは赤い水滴です。二つは等価ではありません。一滴の赤い水を薄めるには、透明な水滴がその何倍も必要です。そして、その数は人によって違います。心がとても広い人なら、わずか二、三滴で赤い水滴（嫌な経験）を帳消しにしてくれるかもしれませんが、それほど寛大な人でなければ、多くの水滴が必要かもしれません。そして、ほとんどの人にとって、プールの水はゆっくりと排出されていきます。そのため、昔の出来事よりも、つい最近の出来事が気になります。

この喩えから、ポジティブな関わりがたくさんあれば、一滴の赤い水滴は気にならない、と考えられます。大海に赤いインクを一滴垂らすのに似ています。ただし、よく知らない相手だと、たった一度、嫌なことがあっただけで、大きなプールがたちまち真っ赤に染まります。ポジティブな関わりを増やして、ネガティブな関わりを帳消しにすることはできますが、赤い色が濃ければ、プールの水をきれいにするのは大変です。わたしは経験のなかで、どうしても水がきれいにならないケースがあることを知りました。そんなときは、その人と関わるのをやめるときなのです。

この喩えを覚えておけば、友人であれ、家族であれ、同僚であれ、取引先であれ、人との関わりをおざなりにすることはできないでしょう。じつは、あなたがとった態度の情報を集め、それによって扱い方を決めている組織があります。

たとえば一部のビジネススクールでは、応募者について、学校や職員とのやりとりをすべて記録しています。受付に対して失礼な態度をとれば、それがファイルに記録され、入学を許可するかどうか決める際に参考にされるそうです。企業でもこうした方法をとっているところがあります。格安航空のジェットブルーもそのひとつです。ロバート・サットンの『あなたの職場のイヤな奴』によれば、ジェットブルーのスタッフに繰り返し無礼な態度をとれば、ブラックリストに載り、空席があっても搭乗を拒否されるそうです。[*1]

当然ながら、どんなときにも万人を喜ばせることはできません。ときには、あなたの行動で波風が立つ場合もあるでしょう。判断に迷ったときの対処法のひとつは、混乱が収まった後になってどう説明するかを考えてみることです。この点で思い出されるのが、数年前、学生がアドバイスを求めに来たときのことです。

この学生は大学全体の事業企画コンテストの実行委員長を務めていたのですが、最終審査に遅れてきたチームがありました。ほかのチームと同様、このチームも七カ月にわたってプロジェクトに取り組み、いくつものハードルを乗り越えて最終審査にたどり着いたのでした。でも、自分たちのプレゼンテーションの予定時刻を知らなかったのです。実行委員会の告知が遅れたのも一因でしたが、本人たちの不注意もありました。わたしに意見を求めに来た学生は、どうしていいかわからず困りきっていました。

選択肢は二つあると学生は考えていました。ひとつは、あくまでルールに則り、このチームを失格とする方法。もうひとつは、柔軟に対応し、プレゼンテーションの時間を別に設ける方法です。本音ではルールに則るべきだと考えていました。ほかのチームは時間どおりに来たわけですし、スケジュールを調整しなおすのも面倒です。わたしは一言だけアドバイスしました。「どんな判断をするにしろ、後々、あなた自身が納得できる判断をして欲しい」と。将来あなたが就職の面接で、判断のむずかしい状況にどう対処したかを聞かれたとき、このプロジェクトのことを説明するつもりで考えてみるといい、と伝えました。

結局、遅れてきたチームには、プレゼンテーションの時間を与えることになりました。

要するに、判断に迷ったときは、将来そのときのことをどう話したいかを考えればいいのです。将来、胸を張って話せるように、いま、物語を紡ぐのです。

誰でも間違いは犯します。つまずくのも人生の一部です。とくに初めてのことに挑戦するとなると、なかなかうまくいきません。わたしなど、バカなことをしてしまって、自分を呪うこともしょっちゅうです。とはいえ、そうした過ちから立ち直る術を知っておくことが大事なのだと、いまならわかります。

謝り方を身につけるのもそのひとつです。自分が失敗したと認めるだけでも、大いに役立ちます。長々と言い訳する必要はありません。ただ、「うまくできませんでした。申し訳ありません」と伝えればいいのです。間違いに気づいたら、謝罪は早いほどよく、ぐずぐずしていると傷口を広げることになります。

私自身、ミスから立ち直る経験を何度も重ねてきました。とくに忘れがたい出来事があります。大学院を卒業してまもなく、サンノゼ技術博物館の建設計画に関する記事を地元の新聞で読みました。魅力的な職場に思えました。創造性に関する研究の第一人者であるスタンフォード大学のジム・アダムス教授が館長に就任する予定でした。わたしは博物館の事務局に毎日電話をかけ、ジムにつないで欲しいと頼みましたが、その度に不在だと断られました。伝言は残しませんでしたが、交換手はわたしの声を覚えていて、わたしが電話する度にジム宛てにメモを残していました。やっと電話がつながったときには、ジムの手元にはメモの山ができていました。

そうこうするうちに、ついにジムに会えることになりました。面接はなんとか切り抜けましたが、正式な採用通知はもらえず、展示設計の責任者として着任したばかりの女性と話をするよう勧められました。彼女の最初の仕事が、わたしを排除することだという可能性もありえます。昼食をとりながら面談することになったのですが、まだ注文もしないうちにこう言われたのです。

「ちょっと言っておきたいんだけど、あなたにこの組織は合わないと思うわ。押しが強すぎるもの」

涙がこみあげてきて、このピンチをどう切り抜けるか必死で頭をめぐらせました。わたしは率直に謝り、指摘してくれたことに感謝しました。たいていの人は、エネルギッシュで情熱的だと言ってくれるけれど、気づかないうちに誤解されていることがわかってよかったと伝えました。わたしの熱意は誤解されていたのです。その後は打ち解け、会話が弾みました。そして最後に採用すると言ってもらえたのです。

自分の行動に責任をもち、経験から学ぶ姿勢が大切だということを、この逸話は示しています。それができれば、素早く立ち直って先に進むことができます。そして、最初にお話ししたことにも通じるのですが、わたしが現在教えているスタンフォード大学工学部の創造性に関する講座を最初に担当したのが、ジム・アダムスなのです。世の中はなんて狭いのだろうと思いませんか？

対人相互作用研究の専門家であるジニー・カワジーによると、学習意欲の高い人たちは悪い状況をうまく好転させられるそうです。ジニーは、模擬就職面接の実験を行ないました。面接官にはあらかじめ、応募者について否定的な情報を与えておきます。応募者は三つのグループに分けます。

第一のグループには、自分がその職にふさわしいことを証明するよう指示します。第二のグループには、面接官とのやりとりから学ぶよう指示します。そして、第三のグループには何も伝えません。結果はどうなったか？　第一のグループと第三のグループでは、面接官の否定的な見方が増幅されました。ところが、面接官とのやりとりから何か学べと指示されたグループは、面接官の否定的な見方を覆したのです。なんと、すばらしい発見なのでしょう。学ぶ意欲があるなら、自分に対する悪い印象も変えられる可能性があるのですから。

もうひとつ大切にしたいのが、人助けです。大学時代、わたしは週に一度、両親に電話していました。毎回電話を切る前に母は、「何かしてあげられることはないの？」と聞いてきました。母のこの気遣いがうれしかったものです。母にしてもらえることはほとんどないのですが、必要があればいつでも手を貸してくれるとわかっているだけで安心しました。

歳を重ねるにつれて、こうした気遣いは、友人や家族、同僚に対してもできるのだと気づきました。できることがあれば力になるよと伝えると、たいてい喜んでくれます。実際に申し出を受ける人は少なく、頼まれたとしてもささやかなことです。稀に自分には応えられない、あるいは応えたくないことを求められる場合もあるでしょう。それを断ったとしても、申し出に感謝し、あなたが力になれないという事実を受け入れてくれるはずです。この点については、運について述べた第8章でも取り上げましたが、人の力になればなるほど運は上がっていきます。

こうした気遣いをまだ身につけていないなら、時々は試してみるようお勧めします。ただし、実際に力になって欲しいと頼まれたら、真摯に応えなくてはいけません。ガイ・カワサキが言うように、「つねに高潔であろうとすべき」です。ガイはこう続けます。「高潔な人は、お返しができるとは限らない人を助ける。高潔な人は、相手がウォール・ストリート・ジャーナル紙の西地区のマネジャーだと知って、いい記事を書いてもらえるかもしれないから助けるわけではない。相手が助けてくれるかもしれないから手を貸そう、と思うわけではない。高潔な人はそんな風に考えない。高潔な人は、人を助けることが自分の喜びだからそうする。ウエイターが自分にしてくれることは、大してあるわけではない。料理は運んでくれるが、それ以外は別に何かしてくれるわけじゃない。高潔な人間かどうかがよくわかる格好のテストがある。その人がウエイターやウエイトレス、フライトアテンダントにどんな態度をとっているかを見ればいい。……最終的に、人生が終わるときの評価を決めるのは、市場シェアでもなければ、司法省の反トラスト局に勝ったことでもない。ドイツ車やイタリア車を持っているかどうかでもない。世界を少しでもより良い場所にしたかどうかだ[*2]」

とはいえ、どうやって人助けをすればいいのかわからないと、途方にくれた経験はわたしにもあります。大学一年のとき、おなじクラスに体が不自由で松葉杖が必要な学生がいました。ある日、彼が教室に向かう斜面で滑って転んでしまいました。起き上がろうとしているのですが、どう手助けすればいいのかわかりません。助け起こしもしないで通り過ぎるのは、気持ちのいいものではありません。でも、怖かったのです。わたしが近づいて、彼の障害に人目が集まるようなことになれば、かえって不愉快な思いをさせることになるのではないかと。

クラスメートの母親が、長い闘病の末に亡くなったときにも、おなじように感じました。何と声をかけていいかわからず、気に障ることを言ってしまうのが怖くて、結局、何も言わないことにしたのです。何年か後のことです。わたしはスタンフォードの学内を走っていました。前日の雨でぬかるんでいた地面に足をとられ、派手に転んでしまいました。擦り傷が傷むし、泥だらけで、その場にしゃがみこんでしまいました。涙が後から後から出てきます。そのとき、少なくとも一〇人以上は通りかかったと思いますが、「どうしましたか？」と声をかけてくれた人は、ひとりもいませんでした。

このとき、わかったのです。教室の前で転んだクラスメートや、母親を亡くしたクラスメートに何と声をかけるべきだったのか。わたしはただ「大丈夫ですか？ 何かできることはありますか？」と言って欲しかったのです。こんなシンプルな言葉でいいのだと、いまならわかります。それがわかるのにこんなに時間がかかったなんて、我ながらあきれてしまいます。

どうすれば、ほんとうに人の力になれるのか？ それを身をもって教えてくれた親友がいます。ある日、友人から電話をもらい、乳がんと診断されたと聞かされたとき、わたしはひどく取り乱してしまいました。おろおろするばかりで、なんと声をかければいいかわかりません。

一週間ほどしてまた電話があり、何かあったのかと聞かれました。わたしが落ち込んで電話して来られないか、それともほかに何かあったのかもしれないと彼女は気を揉んでいたのです。どうすればいいかわからないので教えて欲しいと、わたしは率直に伝えました。すると彼女は、毎日電話をかけて様子を確認して欲しいと言いました。それなら、わたしにもできます！

それから毎日、わたしは彼女に電話をかけました。残念ながら彼女は病に勝てませんでしたが、電話は結局八年続きました。いま思えば、彼女のくれたアドバイスは、わたしにとってかけがえのない贈り物でした。がん闘病という厳しい状況にある彼女を力づける方法を教えてもらったうえに、毎日電話することで、友情はいっそう深まったのです。ほんの数分だけの日もありましたが、毎日声を聴くことで、わたしたちの関係は本物になりました。そのことへの感謝の気持ちを生涯忘れることはないでしょう。

人生で陥りがちな大きな落とし穴が、もうひとつあります。「正しい」ことではなく「賢明な」ことを正当化するのです。この二つの概念は往々にして混同されています。優秀な人たちはとかく問題を分析し過ぎて、自分の利害に適っている（賢明な選択）かどうかで解決策を考えますが、それは正しいことではありません。

ランディ・コミサーは、個人的な出来事を引き合いに出して、この点を論じています。自宅の工事を業者に頼みました。業者の仕事はいい加減で、大幅なやり直しが必要になりました。工事が終わってかなり経ってから、最後の支払いがまだだと業者から連絡がありました。業者がいい加減なのはわかっていたので、彼らがそれを証明できるはずがないと思いました。

ところが、自分の記録を調べてみると、実際払っていませんでした。そもそも仕事が杜撰なので、業者の帳簿はいい加減だといって支払わないことを正当化することもできたでしょう。けれどランディは、仕事には不満があったものの、残金を支払いました。これは正しい行ないなのだと判断して小切手を切ったのです。

わたしにも、賢明な行為ではなく正しい行為について記憶に残る出来事があります。陪審員を務めた裁判でのことです。ある女性が、ストックオプションの付与日のわずか数日前に、正当な理由なしに解雇されたと雇用主を訴えた不当解雇の裁判でした。審理は一〇週にわたって続き、「正しい」結果とは何なのか、じっくり考える時間がありました。法律は雇用主に有利でした。いつでも解雇できる雇用契約になっていたからです。ただ、解雇のタイミングが「正しかったかどうか」ははっきりしませんでした。陪審員は何日も慎重に審議を重ねました。いま振り返ると、話し合いが難航したのは、「正しい」判断と「賢明」な判断のあいだで引き裂かれていたからだと思います。最終的に、原告の女性の勝訴という結論を出しましたが、賠償額は原告の要求を大きく下回りました。後になって、原告が上告し、裁判が続いたことを知りました。

建設業者の逸話と、わたしの裁判の経験という二つの事例からいえるのは、**正しい行ないをすることと、自分にとってベストな判断を正当化することには、大きな隔たりがあるということです。あなたの行動は、あなたに対する周りの評価に影響します。**そして、何度も言っているように、いつかどこかでおなじ人にめぐり会う可能性は高いのです。ほかのことはともかく、**あなたがどうふるまったかを相手は覚えているものです。**

自分で自分の首を絞める場合もあります。多くの責任を背負い過ぎてしまうのが大きな原因です。無理をすると、いずれ収拾がつかなくなります。人生は魅力的な可能性が盛られたトレイがずらりと並んでいる巨大ビュッフェのようなものですが、欲張って自分の皿にあれもこれもと載せると、食べきれないし、消化不良になってしまいます。本物のビュッフェとおなじで、人生においても時間をかければすべて平らげることはできますが、いっぺんにはできません。

何歳になっても、優先順位を決めるのはむずかしいものです。ですがグレッグ・マキューンが言っているように、「あなたが人生の優先順位を決めないなら、誰かに決められることになります」[*3]。あれが足りないこれが足りないと、ないものばかりに目を向けて大きくなった末に、豊か過ぎる世界に気づきます。そのため多くの機会を前にすると、ビュッフェのように欲張って自分が食べられる以上のものを取ってしまうのです[*4]。

ひとつの解決法として、人生の優先順位は変わっていくものだと認識したうえで、そのときどきの優先順位を三つだけ決める方法があります。この考え方は目新しいわけではありません。じつは、アメリカ海兵隊をはじめ軍隊では、一般原則として「三つのルール」が活用されています。長年の試行錯誤の結果、大多数の人間が遂行できるのは一度に三つまでであることが判明したため、軍事システム全体の設計にこれが反映されています。中隊長は三人の小隊長を束ね、小隊長は三人の分隊長を束ね、分隊長は三人の班長を束ねます。陸軍では「四つのルール」を束ねましたが、効率は目に見えて落ちたそうです。

自分の「To Doリスト」を眺める方法がもうひとつあります。やるべきことと、やりたいことに分けて考えるのです。

- やるべきことで、かつ、やりたいことにイエスと言うのは簡単です。たとえば、親友の結婚式への出席などがそうでしょう。
- やりたくもないし、やる必要もないことにノーと言うのも簡単です。たとえば、自分の仕事に直接関係のない会議への出席などが、これにあたります。
- やりたくなくても、やるべきことには、イエスと言わなければなりません。経費書類への記入やゴミ出しなどがそうです。

・いちばん判断がむずかしいのが、自分はやりたいけれど、やる必要はないことです。とても魅力的な機会に思え、時間の捻出が大変になるけれど、イエスと言ってしまう場合もあるでしょう。

どれほど魅力的な機会でも、ほんとうに時間がないとわかっているときは、ノーと言う努力が必要です。そんなとき、わたしは、こんな風に伝えることにしています。

「すばらしい機会にお招きいただき、ありがとうございます。時間があれば是非参加させていただきたいところです。今回は都合が合いませんでしたが、とても興味があります」

短いメッセージですが、招待してもらったことへの感謝は伝わり、つぎに機会が訪れたときに招いてもらえる余地を残しておくことになります。魅力的な機会にあれこれ気を散らすことなく、そのときの自分にもっとも重要なことに集中できるのです。

自分がやりたいことと、やりたくないこと、自分がやる必要のあることと、必要のないことの時間配分を考えてみるのも役立ちます。**大半の時間をやりたくないことに費やしているとすれば、自分の役割を考え直すべきでしょう**。そして、大半の時間をやる必要のないことに費やしているとすれば、優先順位を見直すべきでしょう。

スウィート・スポットは、やるべきことで、かつ、やりたいことをやることです。もちろん、必要に迫られているか、長期的にプラスになるという理由から、やりたくないことをやっている場合も少なくないかもしれません。自分の時間の使い方を点検して、短期的にも長期的にも最適化することは、それだけの価値があることなのです。

優先課題だけやっていると、フラストレーションが溜まってくるかもしれません。でも、「ORの抑圧」(あれかこれかの選択を迫られる事態)は避けられます。大量の原稿の締め切りが迫っていれば、必然的にほかのことは二の次になります。とはいえ、一度に二つ以上の望みをかなえる方法はたくさんあります。

たとえば料理が好きで、友達と会う時間も増やしたいなら、料理クラブを始めるといいかもしれません。知り合いに「チョップ&チャット(切って喋って)」という名の料理クラブを主宰する女性がいます。毎週日曜、六人の女性がメンバーの誰かの自宅に集まります。各自が材料を持ち寄って、違う料理を作ります。出来上がった料理は六軒分に分け、各自持ち帰ります。これで一週間、毎日違うメイン料理を楽しめるというわけです。女性たちがおしゃべりを楽しみながら、好きな料理をして、家族の夕食まで用意できるのですから、とてもよくできた仕組みだと思います。

仕事と、自分が打ち込める活動を組み合わせる方法もあります。ベンチャーキャピタリストのフェルン・マンデルバウムの例を紹介します。打ち合わせといえば、ふつうはオフィスを思い浮かべますが、フェルンの場合は違います。筋金入りのアスリートでアウトドア好きの彼女と新規事業の話がしたいなら、本格的なハイキングに出かける準備が必要です。知り合いはみな心得たもので、フェルンとの打ち合わせにはウォーキングシューズとミネラルウォーターを持参します。山での打ち合わせは、起業家それぞれの個性が把握できるし、新鮮な空気を吸っていい運動にもなるのだから一石二鳥だとフェルン本人は考えています。

要約しましょう。ほんの少しの心がけで、毎日をいまより少しだけ豊かにすることは簡単にできます。自分を助けてくれた人には、つねに感謝の気持ちを示すこと。引き出しに「サンキュー・カード」をストックしておき、こまめにカードを送りましょう。世間は狭く、おなじ人に何度も出会う機会があることも忘れないでください。あなたの評判を守り、高めてください。それは最大の資産であり、守られるべきものなのですから。そして、一言、「申し訳ありませんでした」と謝れる人でいてください。賢明なことではなく、正しいことをしておけば、後々、胸を張って話せます。あれもこれもと欲張って、いろんなことを背負い過ぎないように。収拾がつかなくなれば、自分自身も、信頼してくれる周りの人たちもがっかりさせることになるのですから。

自分がやるべきことと、やりたいことに、どれだけ時間をかけるのか、時間配分を考えて、優先順位をつけましょう。誰かに決められることのないように。

第10章

矢の周りに的を描く

自己流から脱け出そう

息子のジョシュが高校生の頃、新しい自転車を買いたいと言い出したことがありました。ロードレースに興味があり、かっこいい自転車が「必要」だと言うのです。夫のマイクとわたしに「いろいろ調べて、完璧なヤツを見つけたんだ。僕にはほんとうに大事なんだよ」と言う息子に、こう答えました。

「それはいいわね。だけど、全額は出せない。半分なら出してもいいわ」。そして、こうつけ足しました。「でも、わたしたちに自転車代を出してもいいと思わせる方法を見つけてもいいんじゃない？」。自転車代に見合うだけのことができるか、考えて欲しかったのです。

二、三日考えた末、息子は、洗濯物は自分で洗う、週に三日は家族のために夕食をつくる、と言ってきました。夫とわたしは、いい取引だと話に乗ることにしました。自分で洗濯をして夕食をつくってくれるなら、わたしたちは時間に余裕ができますし、息子は息子で大事なスキルが身につきます。交渉成立。息子は自転車を手に入れ、責任もしっかり果たし、それによってわたしたちに信頼関係ができました。

どの親もそうだと思いますが、子どもと将来の「取引」を交渉する機会は数多くありました。交渉でのもっとも重要な成果は、それが次の交渉につながることです。最初の交渉は始まりに過ぎません。最初の取引が公正でバランスがとれたものであり、双方が合意事項を守れば、次の交渉はもっとスムーズに進む可能性が高くなります。何度か言いましたが、世の中は狭いもので、おなじ人と何度も出会うものです。

人との関わりは交渉の連続ですが、基本を知らないばかりに、自分で自分を不利にしていることが少なくありません。友人と土曜の夜に何をするのか、家族の誰が皿を洗うのか、支払いは誰がするのかを決めるのも交渉といえば交渉です。同僚とは誰が残業して仕事を仕上げるのか交渉しますし、車のセールスマンとは値引き交渉します。このように、わたしたちは日々交渉しているのですが、そういう自覚のない人がほとんどで、どうすればうまく交渉できるかなんて見当もつきません。わたしが授業から学んだ、交渉のコツをいくつか紹介しましょう。

以下の演習は、一見単純な求職者と雇用主の交渉です。[*1] 交渉で詰めるべき条件は、給料、休暇日数、仕事内容など八項目あり、求職者と雇用主は項目ごとに点数をつけます。各自は、点数を最大化することを目指します。たいてい、項目順に話し合い、合意点を見つけようとします。ですが、このやり方ではうまくいかないことにすぐに気づきます。

三〇分の交渉時間が終わると、交渉が成立したチームもあれば、決裂したチームもあります。合意に達したチームは、一緒に働きたいと強く思ったか、交渉結果に不満を持つか、二手に分かれます。最終的に求職者と雇用主の点数が拮抗するチームもあれば、かけ離れるチームもあります。一体何が起きたのでしょうか？

交渉でありがちな間違いは、根拠のない思い込みにあります。そして、労使交渉でありがちな思い込みとは、雇用主と求職者は相反するゴールを目指している、というものです。求職者は、雇用主と利害がことごとく対立していると思っていますが、実際には、一致する項目が二つ、対立する項目が二つ、求職者にとってより重要な項目が二つ、雇用主にとってより重要な項目が二つ、といったところです。信じられないかもしれませんが、この割合はほかのどんな交渉にもあてはまります。

交渉を成功させるカギは、全員にとって最大限有利な結果を引き出せるように、全員の利害を探り出すことです。とはいえ、これは言うは易しで、実際にはなかなかそうできません。というのは、交渉で有利になると思って、自分の利害を明かさない人が多いからです。でも、たいてい、この作戦は間違っています。実際には、こちらが望むことが、交渉相手が望むことと一致している可能性があるのですから。

交渉の専門家のマーガレット・ニールは、交渉のプロセスを、問題を創造的に解決する演習と見なすべきだと言います。[*2] そういう心構えがあれば、交渉からより多くの選択肢を引き出すことができそうです。わたしは、これを肝に銘じ、車を買ったとき、この機会を学習というレンズでみるとどうなるか実験しようと思いたちました。わたしはできるだけ安く買いたいのだから、販売担当者はできるだけ高く売りたいはずだと思ってきましたが、この仮説が正しいのか検証しようとひらめいたのです。

そこで、試乗をしているあいだに自動車業界について、あれこれ質問しました。どういう報酬体系になっているのかも聞いてみました。すると、この担当者の歩合は、わたしに売る値段とはまったく関係ないことがわかりました。ボーナスは売った車の値段に関係なく、顧客からの評価に基づいて決まるというのです。それを聞いたわたしは、「それならお安い御用よ。値段を勉強してくれたら、いい評価をするわ」と言いました。

わたしは、お互いが得をするウィン・ウィンの状況を見つけたのです。時間を取って相手の利害を探ろうとしていなければ、お互いの利害が一致することなど気づきもしなかったし、想像もできなかったでしょう。

幸い、日々、交渉する機会はあり、交渉力を磨けるチャンスはいくらでもあるものです。どこでも交渉事が起きることを知っていただくために、具体的な例でお話ししましょう。数年前、わたしは会議に出席するため、同僚のエド・ルベシュと北京に滞在していました。現地で知り合ったタイのタマサット大学の学生は、万里の長城で日の出を見る計画を立てていました。面白そうだったので、わたしたちも計画に乗ることにして、実行役を買ってでました。

最初は簡単に手配できるとたかをくくっていたのですが、ほぼ不可能であることがだんだんわかってきました。ホテルのコンシェルジュにも相談しましたし、地元の大学教授やホテル近くのタクシー運転手にも聞きました。でも、誰も力になってはくれませんでした。その間、わたしはこの計画を会議のほかの参加者にもふれ回っていたので、参加希望者がどんどん膨らんでいきました。午前三時にロビーに集合する予定ですが、計画が実現するかどうかは、すべてわたしにかかっています。みんなをがっかりさせたくありませんが、どうすればいいのかわかりません。使えそうな手はすべて使ってしまったのです。

そんなとき、ホテルの向かいの英語学校が目にとまりました。少なくとも話し相手は見つかりそうです。受付に行くと、ロビーにいた一七歳の学生と話したらどうかと勧められました。わたしは自己紹介して、その学生に話しかけました。万里の長城で日の出を見るという目的を果たすため、この学生が手助けしたくなる理由を探さなくてはいけません。少し話すと、彼が優秀な学生で、音楽も運動も得意で、大学への進学を目指していることがわかりました。

これだ！　わたしは彼の役に立つ方法をひらめきました。万里の長城に日の出を見に行くのを助けてくれたら、大学入試の推薦状を書こうと持ちかけたのです。彼にとっても願ってもない取引だったようで、数時間のうちに車と運転手を手配してくれました。しかも通訳として同行してくれたのです。もちろんわたしは喜んで、彼の行動力、創造力、そして寛大さを称える推薦状を書きました。わたしたちはともに、すばらしいウィン・ウィンの状況を作り出したのでした。そして、彼へのギフトは一回限りではありませんでした。その後、何年もわたしは推薦状を書くことになったのですから。

交渉術を教えるスタン・クリステンセンは、交渉から最大の価値を引き出すことでキャリアを築いてきました。交渉する際は、意外な点を探すようスタンは勧めます。なぜ意外だと思うのか？　それは自分が間違った思い込みをしているからなのです。また、自分の利害ではなく、相手の利害やスタイルに合わせて、交渉スタイルを決めるべきだといいます。**綿密な計画を立てて交渉に臨んではいけません。相手の発言をじっくり聞いて、どんな動機があるのかを見極めるのです。そうすれば、お互いにとって好ましい結果を引き出すことができます。**

ウィン・ウィンの状況を作り出せず、交渉を打ち切ったほうがいい場合もたしかにあります。それぞれの当事者の利害をあきらかにして、最終目標に重なり合う部分がまったくないなら、交渉を打ち切るのが最善の選択になります。それでも、ほとんどの学生は、双方に最適とはいえなくても、なんとか取引を成立させようとします。交渉は決裂させるよりも、妥協してでも成立させたほうがいいという間違った思い込みをしているのです。当然ながら、つねに交渉を成立させたほうがいいわけではありません。交渉のテーブルを離れる選択肢を、つねに念頭においておくべきです。

席を立つべきかどうかを決めるには、ほかの選択肢を意識しておくことです。そうすれば相手方が出してきた案とくらべることができます。交渉学ではこの選択肢を、もっとも望ましい代替案という意味でＢＡＴＮＡ（best alternative to a negotiated agreement）といいます。交渉にはＢＡＴＮＡをもって臨むべきです。

スタンは、ディズニーと環境団体との交渉の事例を使って、この点を教えています。ディズニーは新たなテーマパーク建設を検討していて、環境団体はこれに反対していました。テーマパークの建設を前提に、環境保護のためにディズニーに何ができるかをめぐって、交渉は堂々めぐりになりました。両者は合意に達することができず、交渉は決裂しました。

その結果、どうなったか？　テーマパークはできませんでした。ところが、交渉決裂後まもなく、建設予定地が住宅開発用に不動産会社に売却されたのです。環境への影響という点では、テーマパークよりも住宅開発の影響のほうがはるかに大きいはずです。環境団体がＢＡＴＮＡ、あるいはありうる選択肢を考慮していれば、ディズニーとの交渉を成立させたほうが望ましいと気づいたでしょう。

こうしたことは日常で頻繁に起きています。どんな選択肢があるかがわかっていなければ、大きな間違いを犯すことになりかねません。たとえば、希望にぴったり合わないからといって転職の誘いを蹴って、結局、職が見つからないとか、ほかにずっといいチャンスがあるのに、それに気づかないばかりに意に染まぬ関係をずるずると続けてしまう、といったことがあるかもしれません。

一般に交渉を効果的に進めるには、自分自身の最終目標を見極めると同時に、交渉相

手の最終目標も理解することが必要です。ウィン・ウィンの結果を目指しながら、交渉の席を立つべきときも念頭においておきます。単純に聞こえますが、これらのスキルを習得し、確実に双方が満足できるようにするためには、かなりの努力が必要です。

交渉よりはるかに重要なこともあります。自分の立場にばかり固執せず、他者の立場になって考えるのです。さまざまな人間関係を円滑にし、チームをうまく回し、あなた自身が成功するためには、他者の視点を理解することが重要です。他者を思いやれるようになると、たいていの人は何かしら悩みを抱えていることに気づきます。足の骨を折ったとか、目が見えないとか、わかりやすい悩みもありますが、表に表れないものがほとんどです。わたしはロックバンド、レッド・ホット・チリ・ペッパーズの「(薬物の)跡に気づいて欲しい“Scar tissue. that I wish you saw”」という曲が好きですが、この歌詞を読むと、他人のほんとうの姿はわからないものだと改めて気づかされます。

じつは、自分が痛みを感じ、失望するからこそ、ほかの人の痛みや落胆を理解することもできます。そして、誰に対しても「壊れたハート」の持ち主だと思って接しなくてはいけないのだと改めて気づきます。そうなのです。わたしたちが直面するひとつひとつの課題は、将来、自分が似たような状況に陥ったときに使えるツールを身につけるチャンスでもあるのです。それは、また他者の視点から世界を捉え、評価する機会にもなります。

残念ながら、学校では誰かの負けと引き換えに自分が勝つ状況が根づいているので、人助けの習慣を身につけるのは容易ではありません。大学に入学したての頃、こんな出来事がありました。おなじ寮の学生に微積分の宿題を教えて欲しいと頼んだところ、彼女は顔色ひとつ変えずにこう言い放ったのです。「わたしが教えたら、あなたのほうがいい成績をとって医学部に行くでしょう。だから教えない」。

誇張しているわけではありません。将来ライバルになるからという理由で、彼女は力を貸してくれなかったのです。ずっと後のことですが、「学校では相対評価される」と息子が嘆いたことがありました。相対評価とは、試験に出る内容を理解するだけでなく、クラスメートとくらべた出来を気にしなくてはいけない、ということです。この相対評価は、助け合いの精神をくじく大きな要因になっています。

こうした環境にずっといたため、よきチーム・プレーヤーであるためにはどうすればいいのか、わたしはわからなくなっていました。長い時間がかかりましたが、誰かが負けるからこそ自分が勝てる、という考え方は、およそ非生産的だということに気づきました。世の中では、ほとんどすべてのことが、チーム単位で進められています。

自分以外の人たちを成功させる術を知らない人たちは、かなり不利になります。じつは、**最高のチーム・プレーヤーは、他人を成功させるために労を惜しまないものです。**

組織内で地位が上がるほど、個人としての貢献は重要でなくなります。その代わり、下の人たちを引っ張り、奮い立たせ、やる気を引き出すことが重要になります。アイデアを出しても、それを実行に移してくれるのは、その役割を担った同僚です。そのため、ほかの人たちと協調できなければ、実行力は限られてきます。すぐれたチーム・プレーヤーは、各メンバーが何でやる気になるかを知っていて、最高のパフォーマンスを引き出す方法を探します。さらに偉大なリーダーは、各人が長所を活かせる方法を見つけています。

わたしがこれまで仕事をしてきたチームでは、誰もが「やりやすい」仕事を担当していると感じています。そう思えるのは、理想的な環境だということです。各自が最高の仕事をしていて、ほかのメンバーの仕事を高く評価しています。誰もが各自のスキルや興味に合った仕事をしています。自分のチームへの貢献を誇りに思い、ほかのメンバーの貢献を称えます。まさに「矢の周りに的を描いた」状況です。

この言葉を最初に教えてくれたのは、同僚のフォレスト・グリックでした。ハーバード大学に勤めていた当時の合い言葉だったそうです。考え方はこうです。優秀な人間(=矢)を選んで、その人が得意なことに近い仕事や目標(=的)をつくるのです。ほんとうに優秀な人たちに最高の仕事をしてもらえれば、驚くほど成果が上がります。能力や興味に合っていないことを任せるよりも、はるかに生産的で、本人も充実感を味わえます。チームづくりでは、スキルを補完し合える適材を揃えることがカギになります。
いまの立ち位置がどうであれ、先々成功したいのなら誰かの助けを必要とする日が来るでしょう。情報を探すにも、資金を調達するにも、人と知り合うにも、チャンスを見つけるにも、誰かの助けが必要です。力になってもらいたいとき、お願いの仕方はとても大切です。きちんとお願いすれば色よい返事がもらえるでしょうが、いい加減だと相手にしてもらえないものです。起業家でベンチャーキャピタリストのハイディ・ロイゼンは、とても面倒見がいいのですが、お願いのされ方によって対応を変えているといいます。学生が頼み事をしてくるとき、たいてい自身の時間を節約して、頼む相手である彼女の負担を増やしているとこぼします。長文のメールは要領をえず、何をして欲しいのか判別するのに時間がかかります。ようやく望みがわかったら、メールを分割して、力になってくれそうな人たちに転送しなければなりません。
人にものを頼むなら、自分がやるべきことをまず済ませてから来なさい、とハイディは言います。何人かに紹介してもらいたいなら、相手方に合わせた自己紹介文を書いてくれれば、ハイディは簡単な文章を添えるだけで転送することができます。助けてくれる人の手間を省いておけば、すぐにも助けてもらえるでしょう。でも、相手に手間をかけさせるなら、保留ボックスのいちばん下に回されることになります。[*3]
要するに、人に助けてもらおうと思うなら、お願いする相手の負担を減らしましょう。

相手の立場に立って考え、相手がやりやすいようにすることが肝要です。

社会は複雑で、人は持ちつ持たれつの関係にあります。そのため、ほかの人たちと協調することが不可欠です。組織を最適化し、チームのメンバーの強みを引き出し、周りの人が助けたいと思うような人になる。これらのスキルはどれも、周りの人たちの目標達成を助けながら、あなたを高みへと導いてくれるはずです。

第11章

これ、試験に出ますか？

及第点ではなく最高を目指せ

わたしの授業ではパワーポイントのスライドは一切使いませんが、初日は別です。一学期の一〇週間に何をやるかを、スライドを使って説明します。最後のスライドには、わたしの約束と、学生に期待することを記しています。最後のメッセージはこうです。「光り輝くチャンスを逃すな」。わたしは毎回自分のベストを尽くすことを約束し、学生にもそうするよう求めます。全員に「A」をつけるのはやぶさかではないけれど、バーはきわめて高い、とも伝えます。こうした話をするのは、これが最初で最後です。

その成果はいかに？　学生は、わたしや当人の予想を超える成果を出し続けてくれています。つねに「光り輝く」ことに賭けていて、学期が進むにつれてみずからバーを何度も引き上げるのです。

数年前、こんなことがありました。授業が始まる少し前に教室に着くと、ひとりの女子学生がiPodナノで音楽を聴いていました。ナノは初めてだったので、見せて欲しいと頼みました。ひっくり返しながら渡してくれたiPodナノには、あの言葉が刻まれていました。「光り輝くチャンスを逃すな」。ネットで注文すると好きな言葉を彫ってもらえるようですが、彼女は名前や連絡先ではなく、この言葉を選んだのです。毎日思い出すために。もちろん、わたしのためではありません。彼女自身のためにそうしたのです。

このメッセージが思いのほか学生の心に残った訳は、いまならわかります。そう言われるのを待っていたのです。潜在能力を発揮し、場外ホームランを打って光り輝いてもいいという許可を渇望しているのです。残念ながら、こうしたことが起こる状況は、そうあるわけではありません。わたしたちは「最低限の条件を満たす」よう促されています。裏を返せば、ある水準をクリアできるなら、最小限の努力でかまわないと言われているわけです。ときにはさりげなく、ときにはあからさまに。たとえば教師は課題を出すとき、及第点を取るのに何が必要かを明言します。そして学生は、きまって「これ、試験に出ますか？」と聞いてきます。

長年のあいだに、自分が望む成績を取るには最小限の努力でいいという考え方が染みついていきます。仕事でもおなじことが起こります。上司がボーナスや昇進の査定に必要な基準をあきらかにすると、部下はそれを満たせばいいと考えがちです。

見返りに得られるものが正確にわかっていれば、最低限の基準を満たすのはさほどむずかしいことではありません。でも、こうした限界を外したときにこそ、すばらしいことが起きるのです。じつは、誰もが、こうした限界を取っ払ってしまいたいという鬱屈した気持ちを抱えているのではないでしょうか？　限度とされるものを取っ払うと、ソーダの瓶を振ったときのように、めざましい力を発揮するのです。

どんなに困難な状況でも、つねにベストを尽くす人はいるものです。アシュウィニ・ドーシはそのひとりです。初めて会ったのは一五年ほど前。大学院生だった彼女は、学部のリサーチ・アシスタントに応募してきたのです。わたしは偏見のない人間だと思っていますが、それでも面接に現れた彼女を見たときには、一瞬怯んでしまいました。アシュウィニは美しい女性ですが、身長が一メートル足らずしかないのです。声も幼児のようです。でも、考え方は成熟した大人のそれでした。

わたしは偏見とは別の理由で、採用できないと伝えるのを躊躇しました。アシュウィニはこうしたことを何度も経験しています。まず外見で驚かれるため、身体的特徴以外の資質に注目してもらうのに時間がかかるのです。彼女がわたしの講義を取ることになったのは幸いでした。これで人となりをよく知る機会が得られたのですから。そしてグループ内で別のポストに空きができたとき、わたしは一も二もなく彼女を採用しました。アシュウィニの仕事ぶりは模範的でした。すばらしいチーム・プレーヤーで、つねに期待以上の仕事をしてくれたのです。

そんなアシュウィニは、インドのムンバイ（かつてのボンベイ）生まれ。父親と三人の兄弟、それぞれの妻、子どもたち、祖父母の一九人の大家族で育ちました。生まれたときは標準でしたが、一歳になる頃に発育不全であることがわかったといいます。インドの医師には治療法がわからなかったため、彼女の小さなレントゲン写真をアメリカの専門医に送りました。唯一の治療法は、四肢に骨をつなげて延ばすしかない、とのことでした。六年がかりで全身にメスを入れることになります。手術すれば、何カ月も安静にしていなければなりません。活発なアシュウィニにはできない相談でした。

アシュウィニが幸運だったのは、家族がとてもおおらかで、愛情に満ちていたことでした。異分子がいると、それを恥じて隠そうとする家庭も多いものですが、彼女の家庭は違いました。ボンベイ一の進学校に通い、成績もつねにトップクラスのアシュウィニは自慢です。驚くほど前向きで、幼い頃から人と違うことで不思議とやる気が湧いたといいます。本人はあくまでふつうの人間としてすばらしい人生を送っているのだと思っています。

自分にできないことはないと心底思っていて、それを何度も証明してきました。大学院進学のため、カリフォルニアにはひとりでやって来ました。文化の違いにくわえ、身体的ハンデもあります。アメリカに知り合いはひとりもいません。友人の多くはインドにいたほうがずっと楽に生活できると引き留めました。でも、彼女は自分の意志を貫きました。スタンフォードに着いたとき、彼女のために特別に用意されたのはアパートの脚立だけでした。これを使えば台所のガス台に届きます。それからは日々、必要に迫られて、身体的ハンデを克服する巧みな方法を編み出しました。

困ったことはないかとわたしが尋ねたときは、答えに窮し、なかなか思いつかない様子でした。ほんとうに思い当たらないようなのです。なおもしつこく尋ねると、自分を受け入れてくれる自動車学校が見つからないとのこと。長年、友達に送り迎えをしてもらったり、公共交通機関を利用したりしてきたのですが、運転免許を取ろうと思いたち、アクセルとブレーキ・ペダルに足が届くようにペダルの延長装置を買ったのです。その後、何十回と問い合わせ、ようやく受け入れてくれる自動車学校を見つけました。

アシュウィニに関して何より印象的なのは、頼まれた仕事はつねに一〇〇パーセント以上に仕上げることです。そんな彼女でも、たったひとつ後悔していることがあるといいます。もっと若いうちに、もっとリスクを取っておけばよかった、というのです。さまざまな障害を乗り越えてきたアシュウィニですが、それでも安全な道を歩いてきたと思っているのです。人生にリハーサルはない、最高の仕事をするチャンスは一度きり――それが彼女の信条です。アシュウィニのことを思うと、光り輝くチャンスを逃してはいけない、改めてそう強く感じるのです。

光り輝くとは、いつでも期待以上のことをすると決意することです。その恩恵ははかりしれません。裏返せば、期待される最低限のことしかしないのは、その機会を自分で台無しにしていることになります。

元教え子で起業家として成功しているスティーブ・ギャリティにこの話をしたところ、まったく同感だと言って、おなじことを仲間につぎのように伝えていると教えてくれました。

ひとりひとりは毎日小さな選択をしています。各自が賢明な選択を積み重ねれば、投資収益のように複利効果で長期的にとてつもない成果が期待できます。[*1]

与えられた仕事しかやらない人と、毎日一パーセントでも向上する人がいるとします。与えられる仕事の価値を1・0として、一年後の価値を見てみましょう。

前者は、1・0×1・0×1・0……（365回）＝1・0で変わりませんが、

後者はなんと

1・01×1・01×1・01……（365回）＝37・78にもなります。

当初、一パーセントの向上は誰にも気づかれません。一週間後の価値は一・〇七に過ぎません。でも、二カ月あまり後には二倍よくなっています。そして二年弱経つと一〇〇〇倍以上になっているのです。

逆に、毎日一パーセントずつ悪くなっていくと、一年後の価値はわずか〇・〇二になります。つまり、一パーセントずつ頑張る人と、一パーセントずつ手を抜く人とでは、二〇〇〇倍近い（！）差がつくのです。

おなじことは人生のあらゆる場面で起きています。インスタグラムのプロダクト部門の責任者だったケヴィン・ウェイルは格好の喩えでそれを教えてくれました。ケヴィンはウルトラマラソンを趣味にしていて、しょっちゅう五〇マイル（約八〇キロメートト

ル）を走っています。マラソンが仕事にどう影響しているか尋ねたところ、こんな答えが返ってきました。

トレーニングしている最中によくなっていると実感することは滅多にないが、毎日少しずつ進歩していて、一年後にはあきらかにパフォーマンスが向上している。なので仕事にもこれを応用して、毎日少しずつ頑張ることを積み重ねている。そうすれば長期的に大きな成果が得られるのだから。基本的に、自分がやった以上のことは返ってこない。成果があがるとすれば日々の積み重ねでしかない。[*2]

スタンフォード大学の機械工学教授バーニー・ロスがdスクールで実践している挑発的な演習をみると、この点がよくわかります。学生をひとり呼び出し、「この空き瓶を僕から奪おうとしてみて」と言います。バーニーは瓶をしっかり握っていて放そうとしません。学生は懸命に奪おうとしますが、瓶は落ちてしまいます。瓶を拾い上げ、少しセリフを変えます。「この瓶を僕から奪って」。学生は必死になって奪おうとします。たいていうまくいきません。さらに学生をけしかけます。だいたい三度目で奪い取られます。

ここからどんな教訓が導けるでしょうか？　何かをしようとするのと、実際にするのとでは大違いだ、ということです。わたしたちは「○○をしようとしている」とよく口にします。減量であったり、トレーニングであったり、職探しであったり。でも、ほんとうのところは、しているのか、していないのか、どちらかなのです。

「しようとしている」というのは、言い訳に過ぎません。何か事を起こすには、最低でも一〇〇パーセントの力を発揮しなければなりません。一〇〇パーセントの力を出す気がないのなら、目標が達成できなかったとき、責めるべきは自分しかいないのです。あの『スター・ウォーズ』のヨーダも言っています。「やるか、やらないか。試しはない」。

言い訳は無意味、専門用語では戯《ざ》れ言という、とバーニーは教えています。人間は、しかるべき努力をしなかった事実を繕うために言い訳します。これは人生のあらゆる場面にあてはまります。時間に遅れたとき、宿題を提出しなかったとき、試験に落ちたとき、家族と一緒に過ごさなかったとき、恋人に電話しなかったとき……。仕事が忙しかったとか、病気になったとか、社会的に許される言い訳はできますが、本気でそうする気があるのなら、実現する方法をひねり出しているでしょう。

耳に痛いのは、身に覚えがあるからではないでしょうか？　できなかったことの理由や言い訳は、「もっともらしく」聞こえるなら、社会的に容認されるとバーニーも認めています。でも、人に対して言い訳をしなくてはいけないと感じたとしても、自分自身には言い訳をしてはなりません。本気で何かをしたいのなら、すべては自分にかかっているという事実を受け入れなければなりません。したいことを、優先順位の上位にもってくるか、さもなければリストから外すべきです。

この点を覚えてもらうために、バーニーは学生に、最大の目標を紙に書いて、それを妨げている直接的な要因を挙げるという課題を出します。リストは二、三分でできるはずです。バーニーは、自分の名前だけ書いて白紙のリストを出せばよいと学生を挑発します。わたしたちは、誰々に邪魔されたとか、何々させてくれないと言って、他人を責めたり、外的要因のせいにしたりしています。

繰り返しになりますが、**目標を達成するかどうかは、あくまで自分自身の責任なのです。これらの演習や、そこで得られる教訓は、最終的に自分の人生に責任を負うのは自分しかいない**、という考え方を裏づけています。いついかなるときも、努力が足りないことの言い訳はできないのです。

これは個人だけでなく、組織にもあてはまります。チップ・ハースとダン・ハースは共著の『瞬間のちから』（ダイレクト出版）でこの点を詳しく論じています。チップはスタンフォードの起業リーダー講演シリーズで、すばらしい経験を作り出す企業の実例を紹介してくれました。

彼らの見立てによると、仕事や家庭で、あるいは休暇中、行動様式ひとつで気分が高揚したり、誇りが高まったり、大きな発見があったり、他者との絆が深まったりする、決定的な瞬間があるといいます。わたしが気に入った実例のひとつが、トラクターで有名なジョン・ディア（ディア・アンド・カンパニー）の新人研修の話です。同社では新入社員に有意義な瞬間を提供するため、入社初日を綿密に計画しています。

チップによると、一般的な企業での新入社員の初日はこんな感じではないでしょうか。会社を訪れると、受付はにこやかに迎えてくれますが、入社予定は来週のはずだと言われます。自分用のパソコンは用意されていますが、ＣＰＵが装着されていません。会う予定になっていた社員は遅れてくるので、棚にあった前任者の社員マニュアルを渡され、しばらく読んでいてくれと指示されます。こうして午前中は、経費精算規則など無味乾燥な書類に目をとおしながら過ごすことになります。そうこうするうちランチも間近になって、気の毒がった社員にオフィスを引き回されることになります。大勢に紹介されますが、遅刻している会議に急ぐ社員ばかりで、引き留めて申し訳ない気持ちになります。初日にふさわしい経験とはとてもいえません。

みなさんにも心当たりがあるかもしれません。では、ジョン・ディアでは新入社員をどう迎え入れているのでしょうか。新人ひとりひとりに、必要なことは何でも教える世話係をつけます。この係がオフィスを案内し、事前に初日の服装についてもアドバイスします。好みの飲み物も把握しておき、出社初日には、ソーダなり低脂肪乳のラテなり、好みのものを用意しておき手渡しします。受付のモニターには新入社員の名前が映し出され、入社歓迎の意を表します。さらに、オフィスの島にはバナーが掲げられ、新人が入社してくることを社員に知らせます。おなじグループの社員は休憩中に立ち寄って挨拶してくれます。デスクにはすぐ使えるパソコンが置かれていて、メールの受信箱には第一号としてCEOからのメールが入っています。一七五年の会社の歴史が紹介され、食料の増産に貢献するという会社の使命が記されています。

「ようこそ。これからの仕事は、あなたにとってかけがえのないものになるでしょう。ジョン・ディアと共に長い歴史を歩んでくれるよう願っています」[*3]

光り輝くと、人との関わり方も変わってきます。成功している人は競争好きで、他人を犠牲にしたからこそ目標を達成できたのだと思われがちですが、実際はまるで違います。競争好きの人は、ゼロサム・ゲームのなかで誰かの犠牲と引き換えに成功します。これに対して、意欲の高い人は、自分自身の情熱にかきたてられて目標を追いかけるのです。

起業家として成功するには、人と競争するよりも、自分の情熱に火をつけたほうがずっと生産的です。この点に注目してもらうための演習を考えました。この演習ではグループを六チームに分けます。

つぎに、完成したジグソーパズルを五組見せます。それぞれのパズルは一〇〇個のピースから成っています。[*4]このパズルを一分ほど見てもらった後、ばらばらにしたピースを枕カバーに入れてかき混ぜます。二、三個のピースをこっそり隠しておいて、残りを適当に六チームに配ります。各チームには、通貨として二〇のポーカーのチップも渡しておきます。そして、一時間で完成させるよう指示します。

制限時間がくるとポイントを数えます。パズルの大きな島は一ピース＝一ポイント、小さな島は一ピース＝〇・五ポイントで、大きな島から数えていきます。制限時間に完成させたチームは、ボーナスとして二五ポイントもらえます。

チームの数よりパズルの数が少ないのですから、必要なピースを集めるのに、ほかのチームと競争するのか協力するのか、あるいは両方なのかを決めなくてはいけません。こうした状況をつくるのは、現実社会に似せるためです。ピースが全部揃えばパズルが完成するのはわかっていますが、すべてをコントロールできるチームはありません。完成させるには、必要なピースを確保する方法を見つけなくてはなりません。さらに、どのチームにとっても十分な数のパズルがないので、一部のチームはポイントを稼ぐほかの方法を見つけるしかありません。

現実社会もこれとおなじで、生態系のなかで多くの異なる役割が演じられています。世界が静止しているわけでもありません。ゲームが始まると、だいたい一〇分ごとに何かが起こります。完成したパズルの写真をわたしが売ったり、各チームから一人ずつピースを数個持って別のチームに移ってもらったり、残ったピースをオークションにかけたりするのです。状況の変化に応じて柔軟に頭をはたらかせることが必要になります。チーム同士が協力しなければパズルは完成しません。各チームはピースを売買したり交換したりします。できるだけ損をしないで、自分たちの利益を最大化する方法を見つけようと奮闘します。そのためには、作戦と行動のバランスが求められます。やるべきことをメンバーに割り振り、競争と協力をどう組み合わせるかを決めなければならないのです。パズルの数が足りないのはわかっているので、少なくとも一チームは、パズルを組み立てないで別の役割を引き受ける必要があります。

チームのメンバーがばらばらに分かれ、ほかのチームに合流する場合もあれば、チーム全体でブローカー役を引き受け、パズルのピースを売買する場合もありました。あるいは、すべてのチームがひとつにまとまって、全員ですべてのパズルを完成させた場合もありました。

わたしはこの演習を大人数でやるのが好きです。六チームを二つ以上つくって、それぞれに五組のパズルを配ります。これだと同時並行的に異なる作戦が展開するので、後でくらべると面白いのです。

最悪なのは、どのチームも自分がいちばんになろうとして競い合う場合です。手元のピースを隠して、ほかのチームから欲しいと言われても交換に応じません。自分たちが勝つことばかりに気をとられて、結局どのチームも負けてしまいます。協力したほうがいい結果になるのはわかっていながら、競争を選んでしまうのです。

競争はわたしたちの文化にしっかり根づいているので、こうした反応も当然といえば当然です。さらに、ほかのチームを出し抜こうとしたチームは、結局自滅することになります。

たとえば最初にこの演習をしたとき、あるチームが手元のピースにこだわり、ほかのチームに売ろうとしませんでした。制限時間が近づいたところで売ろうと考えたのですが、これが裏目に出ました。互いに競争することばかりに気をとられていたので、制限時間が来てもパズルは完成には程遠い状態でした。最後まで残したピースは何の役にも立たなかったのです。

この演習を経験すると、資源が限られた状況では、競争するよりも、みながうまくいくように協力したほうがはるかに生産的であることを強く意識するようになります。演習の参加者は、ほかのメンバーが持ち寄ったスキルを活用し、自分だけでなくほかのメンバーの成功も祝福できるようになります。

これはビジネスだけでなく、スポーツにもあてはまります。どちらも競争がすべてだと思われがちですが、実際は違います。たとえば、自転車レースのツール・ド・フランスでは、二一日間の大会期間中、参加者同士が協力しあってゴールを目指します。プロとして将来もレースに参加しつづけるには、レース中、少なくとも一ステージで勝つ必要があることを参加者は知っています。そのため、参加者同士が各ステージで違う選手を勝たせてレースを続ける資格を与えているのです。

おなじようにビジネスの世界でも、競合関係にある多くの企業がなんとか協力して、それぞれの強みを活かす方法を見出し、「コーペティション（協調と競争）」を実践しています。

光り輝くことにかけて、多くの企業は自分たちがほんとうに輝ける分野を選んでいます。ＢＭＷは最高峰のエンジニアリングを重視しています。ウォルマートは最低価格を保証しています。ディズニーランドは世界一幸せな場所であるために努力しています。高級デパートのノードストロームは最高の顧客体験を提供することに賭けています。ノードストロームをよく知っている人に尋ねたら、自分が受けた最高のサービスについて、少なくともひとつは話してくれるでしょう。

わたしは、ノードストローム三兄弟のうち、エリックとブレイクの二人に会う機会に恵まれ、どんな方法で従業員に顧客中心主義を浸透させているのかを知ることができました。意外にも、具体的なルールや秘策があるわけではありません。基本的に販売員は、ごく短期間の研修を受けるだけです。その後は、時々に発生する問題を各自の最良の判断で解決するよう求められ、顧客の立場に立って行動する権限が与えられています。

販売員はひとりひとり違うので、顧客への対応にも個性が表れます。それにより似たような問題が起きても、さまざまな解決策が取られることになります。また、顧客とのエピソードを従業員同士で共有する文化があるため、すばらしいサービスの事例は、従業員の刺激となり、教育に役立っています。

ノードストロームでは、問題の解決を各従業員に委ねることで、間違いを犯す自由も与えていることになります。顧客にサービスしようとしての間違いなら、すぐに許されるし、おなじ間違いが繰り返されることは滅多にない、とエリックとブレイクは口を揃えます。

ノードストロームでは、すべてのインセンティブが、すばらしい顧客体験につながるように揃えられています。マネジャーはチームをうまく回すのが仕事であり、従業員は顧客こそ究極の「上司」だと考えています。

エリック、ブレイク、それにもうひとりの弟のピートをはじめとする経営幹部は、勤務時間の半分は店をまわり、各売り場で顧客に応対したり、従業員に声をかけたりしています。みな現場に精通しています。それぞれ倉庫係を振り出しに、靴の販売員、靴部門のマネジャー、バイヤー、店長、地域本部長と駆け上がってきたのですから、それも当然です。

そして、大企業のトップとなったいまでも、つねに現状を改善する方法を探し続けているのです。とても謙虚に人の話に耳を傾け、集めた情報をもとに確信をもって行動に移しています。顧客満足を高めることに腐心しているので、顧客との距離も驚くほど近いのです。三兄弟はみな、みずから電話をとり、メールを書き、個人的なメッセージをやりとりしています。

ノードストロームでは顧客第一主義が文化にしっかり根づいているので、その組織は顧客を頂点にした逆ピラミッドのようなもので、われわれ経営陣は底辺にいるのだと三兄弟は言います。社内で昇進すれば、階段を降りたことになります。底辺にそのCEO（最高経営責任者）はいません。三兄弟がそれぞれ強みを発揮して、緊密に連携をとりながら経営にあたっているのです。ビジョンを共有し、協力しながら仕事を進めています。

ノードストロームのサービスのすばらしさを物語る、とっておきの逸話を紹介しましょう。紳士服売り場に、白襟でボタンダウンのブルーのシャツが二枚欲しいという男性客が訪れました。在庫を調べ、ほかの店舗にも問い合わせましたが、在庫はありません。でも、販売員は「あいにく在庫はございません」とは言いませんでした。白いシャツとブルーのシャツを二枚ずつテイラー部門に持っていき、襟を付け替えるよう頼んだのです。そうすれば、白襟のブルーのシャツとブルーの襟の白いシャツが二枚ずつできます。販売員はブルーのシャツを客に見せ、「もし逆の組み合わせもお望みでしたら、ご用意できます」と言ったそうです。

ブレイクとエリックは、口を揃えてこう言いました。顧客ひとりひとりとの一回ごとの経験は、初めて打席に入るのとおなじだ、と。一回ごとの接客が、顧客にすばらしい体験を提供し、販売員の評判を高めるチャンスなのです。たとえそのときに売上につながらなくても、その投資はいつか引き合います。

光り輝く方法は人それぞれです。ですが、すべては限界を取っ払い、持てる力を最大限に発揮しようとするところから始まります。**及第点に満足せず、自分の行動とその結果の責任は、最終的に自分にあることを自覚すること。毎日の一パーセントの積み重ねで、結果は大きく違ってきます。**人生にリハーサルはありません。ベストを尽くすチャンスは、いましかないのです。

第12章

実験的作品

新しい目で世界を見つめてみよう

種明かしをすると、これまでの章のタイトルはすべて、「あなた自身に許可を与える」としてもよかったのです。わたしが伝えたかったのは、常識を疑う許可、世の中を新鮮な目で見る許可、実験する許可、失敗する許可、自分自身で進路を描く許可、そして自分自身の限界を試す許可を、あなた自身に与えてください、ということなのですから。じつは、これこそ、わたしが二〇歳のとき、あるいは三〇、四〇のときに知っていたかったことであり、六〇歳になったいまも、たえず思い出さなくてはいけないことなのです。

従来の思考法に閉じこもり、ほかの可能性を排除するのは、おそろしく楽なものです。周囲には、踏みならされた道だけを歩き、ぬり絵の線の内側にだけ色を塗り、自分とおなじ方向に進むよう強要する人たちが大勢います。これは彼らにとって快適ですが、あなたにとってもそうかもしれません。彼らにとっては自分の選択が正しかったことになり、あなたにとっては簡単にマネできるお手本が手に入るのですから。けれど、こうしたやり方は、人間の可能性の芽を摘むことになりかねません。

自分の後についてくれば優越感に浸ることができ、追い越されないとホッとします。中南米では、自分より上に行かないように他人の足を引っ張る人間を評して、「上着を引っ張る人」という言い方があります。「背の高いポピーは切られる」と表現する地域もあります。背丈がおなじになるように、周りより背の高いポピーは切り揃えてしまうのです。

集団のなかにいるのが当たり前で、前に出てリスクを取ろうとする人間は引き戻されます。もっと悪いことに、目立った行動を取る人間を犯罪者扱いする地域もあります。たとえば、ブラジルで起業家にあたる言葉「エンプレサリオ」の元の意味は「泥棒」です。歴史的に成功した起業家でお手本になる人がほとんどいないため、型破りの成功をおさめると法を犯したのではないかと怪しまれます。

発展途上国で起業家精神の育成を目指した「エンデバー」では、こうした考え方が大きな障害になりました。中南米で事業を立ち上げるにあたり、現地で説明会を開くと激しい反発が起きました。これを受けてエンデバーでは、「エンプレサリオ」に代わる新しい用語「エンプレンデドル」を編み出しました。この新語は、イノベーションと起業家精神の本質を捉えています。数年かかりましたが、辞書にも載りました。エンデバーでは、エジプトでも同様の問題に直面し、ここでも起業家を表す新語をつくって広める必要がありました。

スタンフォードのわたしたちのプログラムでは、従来の考え方から自由になって常識を疑い、想像の翼を広げていいのだと学生に許可を与えることを重視しています。どの課題も、快適な場所を離れ、身近な世界との関わり方を変えなければ答えられません。わたしたち教員は疑問を投げかけますが、答えをもっているわけではありません。

さらにdスクールでは、教室も実験がしやすいように設計されています。椅子や机にはすべてキャスターがついていて簡単に動かせ、自由にスペースがつくれます。授業のたびに教室の配置が違うのです。紙や木、プラスチック、クリップ、ゴムバンド、カラーペン、パイプクリーナー、テープなどが、アイデアを実現するための試作品作りに使われます。所狭しと並んだ可動式のホワイトボードには、ブレインストーミング用の色つきマグネットシートがベタベタと貼られています。壁にはクリエイティブな発想のヒントになるように、過去のプロジェクトの写真や加工品が飾ってあります。

学生たちに与える課題は、現実的で決まった答えのないものです。たとえば、大学内の自転車利用の安全性を向上させる方法や、健康的な食品を子どもに美味しく食べさせる方法を考える、といった課題です。こうした、その場でできる課題のほか、「超低価格の製品デザイン」を履修したdスクールの学生は、途上国のパートナーと共同で問題を特定し、コスト効率よく解決する方法を考えます。このプロジェクトからは、ユニークな製品が数多く生まれ、市場に出回っています。

たとえば、あるチームは斬新で使い勝手のよい保育器をデザインしました。ネパールの病院を訪ね、従来の西洋式保育器は元値が二万ドルもするうえ、現地の事情に合っていないことに気づいたのがきっかけです。多くの保育器が故障しているか、部品が手に入らなくて放置されていました。取り扱い説明書や警告のラベルも外国語で書かれているため、看護スタッフは読めません。そして、何より問題なのは、保育器を備えた都市の病院ではなく、遠く離れた村で出産する女性がほとんどだということでした。つまり、温かい保育器が必要な未熟児には行き渡っていなかったのです。

低コストでローテクの保育器が必要だ。こう考えたチームの面々は、数カ月のうちに小袋つきの寝袋をデザインしました。小袋のなかには特殊なワックスを入れます。ワックスの融点は三七度で、赤ん坊を温めるのにちょうどいい温度です。[*1] 二万ドルもする保育器がなくても、わずか二〇ドルの寝袋さえあれば、その場で、あるいは移動中も、未熟児の世話ができるようになったのです。使用する際には、ワックスを取り出し、お湯につけて溶かします。それを寝袋に戻せば、数時間は温かい状態が保てます。ワックスなら、冷めても簡単に温めなおすことができます。技術的なトレーニングは必要ないし、電力も要りません。そして、都市の病院を利用できず、医療サービスの乏しい地域でも購入できる程度の安さです。

このコースを巣立っていった学生は、がらりと変わります。身のまわりの問題に注意を向けることがいかに大切かを知り、自分たちにも問題を解決する力のあることを学ぶのです。dスクールの生みの親のデビッド・ケリーが言うように、「クリエイティブな自信をもって旅立つ」[*2] のです。実験してもいいし、失敗してもいいし、失敗したらもう一度試せばいい。そうした許可を陰に陽に得ていることを、学生たちは知っています。

じつは、わたしたちひとりひとりも、おなじように許可されています。自分に許可するのは自分自身であって、外から与えられるものではありません。そのことを認識するだけでいいのです。

忘れてはいけない大事なこと。それは、ひとりひとりが自分自身の物語をつくる責任を負っている、ということです。そして、その物語によって力を得ることもあれば、縛られてしまう場合もあることを知っておかねばなりません。このことが腑に落ちたのは、思いがけないきっかけからでした。

数年前、わたしはクリエイティブ・ライティングの講座を受講しました。講義ではおなじ場面を二回書く、という課題が出されました。でも、違う視点から書くのです。一回目は恋する人の視点で、二回目は戦争で子どもを亡くした親の視点で。ただし、恋をしているとか、戦争中だとか書いてはいけません。単純な課題ですが、この課題をとおしてわたしは、精神状態によって世界がまったく違って見えることに気づきました。

上機嫌で歩いていると、街は色づき、音も心地よく、視界も開けています。ところが気持ちがふさいでいると、おなじ街なのにすべてが灰色で、歩道のひび割れといった欠けたものばかりが目につきます。足元しか見えず、街はわくわくするどころか、怖いところになります。この課題のために書いた文章をお見せしましょう。

サラは、買ったばかりのピンクのバラの花束に顔を近づけ、愛しそうに眺めた。うきうきした気持ちで花を眺めていると、隣のベーカリーから香ばしいパンの匂いが漂ってくる。店先で手品をしている人がいる。派手な衣装の手品師を子どもたちが取り囲み、失敗するたびにくすくす笑っている。この様子を見ていたサラも、思わず笑みがこぼれた。手品師はサラに向かって気取った会釈をしてパフォーマンスを終えた。サラは深々とおじぎを返し、バラを一本手渡した。

ジョーは、冷たい霧から身を守るようにとぼとぼと歩いていた。風に飛ばされた新聞紙が建物にぶつかって、また舞い上がる。「割れ目を踏んだら、母に苦労をかける。線を踏んだら、母を苦労させる」。歩道に規則正しく並んだ敷石の割れ目を通る度、このセリフが鳴り響く。目の前に延びるデコボコ道を見ていると、幼い頃のおまじないが頭の後ろで通奏低音のように響いてくる。

この課題に取り組んだのは、とても貴重な体験でした。書く技術を磨いてくれただけでなく、ものの見方をどうやって決めているかを思い出させてくれたのですから。身のまわりには、いたるところに割れ目があり、花が咲いています。どちらを見るかは、わたしたちひとりひとりが決めています。そして、自分の見たものが現実になるのです。

最近、メキシコのバハで開かれた現代中高年アカデミーに参加する機会がありました。主宰者は、アメリカ人起業家でホテル経営者のチップ・コンリー[*3]。プログラムの目的は、人生後半における役割を見直すフレームワークを提供すること。そこで繰り返し言及されたのが、「変態の閾《いき》」でした。さなぎが蝶になるように二つの役割が切り替わる境目を意味しています。さなぎは幼虫時のからだを文字通りすべて溶かし、ごくわずかな「コア」の部分だけを残して、みずからをつくりかえて蝶に変身します。

一週間のプログラムは、参加者ひとりひとりが自分にとって不要になったものを捨て、必要なものを見極めたうえで、今後の人生を構築できるように組み立てられていました。グループで集中して取り組むことで、ひとりひとりが生まれ変わる瞬間を目撃することになります。その過程をすべて目撃するのは興味深く、ためにもなりましたが、しんどい面もありました。生まれ変わる「前」と「後」のグループ写真を撮っておけばよかった、と思います。内面が変わると、おなじくらい外見も劇的に変わり、みな、こうありたいと願う人間になったのですから。

この研修中、わたしは自分の体験を織り込んだ詩をいくつかつくりました。「砂」と題した詩は、砂のように単純なものでも、視点によって見え方が大きく変わることを描いたものです。

砂

殴り倒され、めった打ちにされ、砕け散る
鍛えられ、皮肉られ、捨てられる
踏みにじられ、汚されて、ばらばらになる
やせ細り、起こされて、飛ばされる

舞い降りて、優しく、導かれる
落ち着いて、賢くて、愛らしい
内省のなかで、リズミカルに、リセットされる
まとまって、穏やかに、完結する

わたしたちは、他者から聞かされる物語や自分自身がつくった物語の影響を深く受けています。そして、将来の可能性をどう見るかは、そうした物語に左右されます。個人の経験ばかりではありません。先祖の経験にも影響を受けています。

ホロコーストの生存者やネイティブ・アメリカン、アフリカ系アメリカ人奴隷の子孫には、何世代にもわたってトラウマが引き継がれていることがあきらかになっています。

極度の貧困や災害などの犠牲者の子孫もそうです。過去世代から明白な教訓とあわせて物語を聞かされるわけですが、両親や祖父母の経験を、子どもたちにどう伝えるかで変わってきます。物語や教訓は次世代の財産になることもあれば、深刻な重荷になることもあります。

あなた自身の物語を紡ぐには、知っておかなければならないことがたくさんあります。あなたは何者で、いまどこにいるのか。ここまで、どうやって来たのか。強みは何か。弱みは何か。そして、ここからどこへ行きたいのか。あなたを引き留めているものは何か、推進力になるものは何か。そして、人生という旅に持っていきたいものは何なのか。あなたの過去について他人が語る物語、あなたの未来について自分自身が語る物語も読み解くことが必要です。

最近参加したあるイベントに、六カ月から六歳までの乳幼児が大勢来ていました。一口に子どもといっても、こんなに違うものかと、とても興味深く観察しました。にこにこしている子、しかめっ面をしている子、最初から悲しそうな子、なんでもやりたがる子、ずっと後ろにいて、じっと見ている子。こんなに幼い頃から物語は始まっているのです。自分の居場所について、それぞれに物語を紡いでいます。個々の物語は、生まれるずっと前から始まっているようでした。

コーチングで有名なスタンフォード大学教授のシャザド・チャミンは、人々が自分自身について紡ぐ物語について幅広く研究しています。物語をタイプ別に分類し、それらが助けにもなれば重しにもなることをあきらかにしています。『実力を100%発揮する方法』（ダイヤモンド社）では、物語を形づくる内なる声をあきらかにし、一〇の「妨害者」と「賢者」がいると論じています。

妨害者には、「裁きたがる人」、「こだわりが強い人」、「警戒心が強い人」、「落ち着きのない人」、「コントロールしたがる人」、「逃げ回る人」、「頑張りすぎる人」、「被害者意識の強い人」、「合理的すぎる人」がいます。[*4] これらの内なる声が物事の見方にどう影響しているかを理解できれば、そうした声を黙らせるなんらかのヒントが得られると考えられます。

わたしは警戒心が強いので、この声のことはよくわかっているつもりです。うまくいかないかもしれないとか危険かもしれないとか、しょっちゅう囁くのです。「根強い不安は活力を浪費し、できることもできなくなる」とシャザドは言います。警戒心が役立つ場合もありますが、それればかりでは何も生まれず、ぶち壊してしまうこともあります。

これはほかの妨害者にもあてはまります。たとえば「逃げ回る人」は、争いを避けようとして本来イエスというべきでないことにイエスと言い、ほんとうの問題にフタをしてしまいます。「頑張りすぎる人」は、他者からどう見えるかを重視するあまり、「燃え尽きるほど働きすぎる傾向」があります。そして「コントロールしたがる人」は、自分が仕切らないと気が済まないので、ほかの人を快適な場所から追い立てます。

創造性に関する授業に来てくれたシャザドは、学生相手に演習を行ない、内なる妨害者を認識し、その関心を他に向けることによって妨害者を黙らせる方法を示してくれました。何より重要なのは、学生たちが、誰にでもそうした内なる声があることを知り、チームメートの内なる妨害者を知って安堵したことです。これを知っておけば、妨害者が現れたときにそれを特定できるので、相手がどうしてそんな行動を取っているのかがわかり、協力もしやすくなります。

何を成し遂げられるかは、自分がどこから来たか、自分自身に何を語るかで変わってきます。いまは無一文ですが、生い立ちの異なる四人が、それぞれ世の中とどう関わっていくか考えてみてください。

- ずっと貧しかった人
- 何不自由なく育ってきたものの、すべてを失った人
- 無一文から出発し、快適な生活を築いたものの、失ってしまった人
- 裕福に育ち、いまは無一文になっているが、晩年に豊かになることがわかっている人

四人ともいまは無一文ですが、それまでの経験は大きく異なります。そのため、目を

向ける機会、つかむ機会も違ってきます。リスクを取るのを厭わない人は誰でしょうか？　失敗を恐れて尻込みするのは誰でしょうか？　ほかの人なら見逃してしまうチャンスに目をつける人は誰でしょうか？　何か大きいことを成し遂げたいと野心に燃えるのは誰でしょうか？　それは、本人がいまの状況をどうとらえているか、将来の見通しをどうとらえているかによって決まります。

現在の外見的な「立ち位置（ポジション）」は、ほかの人と変わらないかもしれません。でも、過去の経験によって、将来の可能性は違って見えるのです。昨年、それを痛感した出来事がありました。途上国経済のイノベーションについて学ぶため、スタンフォードの学生一五人を連れて二週間の予定で南アフリカを訪れました。全員で顔合わせする時間がないまま出発し、おなじ日にヨハネスブルクに到着しました。全員スタンフォードの学生ですが、それまでの経験によって、南アフリカでの経験の捉え方があきらかに異なりました。

かなりの旅行経験者もいれば、そうでない者もいます。裕福な家庭の出身者がいれば、質素な家庭の出身者もいます。出身国や地域もカリフォルニア、ジャマイカ、レバノンとばらばらでした。南アフリカは複雑な歴史をもつ複雑な国ですが、それぞれの目に映る南アフリカは大きく違っていました。

正直にいうと、そのことにわたしは準備ができていませんでした。共通の経験ができるはずと思い込んでいたのです。でも、ひとりひとりの捉え方は、それぞれの過去の経験に基づく、その人ならではのものでした。当初は多少面倒な行き違いもありましたが、最終的には各自のユニークな見方について有意義な議論ができました。この件以来、ずっと頭を離れないことがあります。それは、「立ち位置（ポジション）」がおなじでも、それぞれの「居場所（プレース）」は違う、ということです。

あなたの立ち位置とは、世界があなたをどう見ているか。あなたの居場所とは、あなた自身がどう見ているか、を意味します。この二つがおなじであることは滅多になく、歳を重ねるにつれて隔たりは大きくなります。いまのあなたを形づくったものを、すべて把握している人はいないわけですから。

たとえば、現在のペギー・バークに会ったとしたら、有名ブランド企業を経営する成功した起業家と思うでしょう。彼女が成し遂げてきたことや、過去三〇年に築いた会社だけを見て、現在の地位に昇り詰めるまでの歩みについていろいろ想像をめぐらせるでしょうが、そのためにどれだけ心血を注いだかには気が回らないし、会社が倒産の危機に瀕したことも知りません。若い頃、父親が事業に失敗して、九人兄弟が赤貧のうちに育ち、経済的に不安定だったことにも気づかないでしょう。

若いときにすべてを失ったという経験は、ペギーの原点であり、彼女自身の物語に深く根を張っています。だからこそペギーは、一日たりとも無駄にせず、がむしゃらに働きます。成功を当たり前と思わず、足場を固めることに余念がありません。でも、ペギーと会って、そうした物語を読み取る人はいません。目に映るのは、明るく、自信に満ちた寛大なリーダーの姿です。周囲からどう見えるかという「立ち位置」と、本人が自分をどう見ているかという「居場所」には隔たりが大きいのです。

ペギーの例が教えてくれるように、出発点から、最終的にどこにたどり着くかを正確に予想することはできません。すべてを持って生まれたのに使い果たしてしまう人もいれば、何も持たずに生まれて無から有を生み出す人もいるのですから。

この本で紹介した物語の一部を父に話したところ、自分自身の人生を振り返って、いちばん大切な教えは何なのかを考えてくれました。九二歳の父は、いまでこそ悠々自適の生活をしていますが、踏みならされた楽な道を歩んできたわけではありません。父がアメリカに渡ったのは八歳のとき。一九三〇年代に、一家で命からがらドイツから逃げてきたのです。当初は英語がまったく話せませんでした。両親には二人の子どもを育てる余裕がなかったため親戚に預けられたのですが、意思疎通ができませんでした。両親に余裕ができて引き取られるまで、その状態が続いたといいます。当初は恵まれなかった父ですが、その後はすばらしいキャリアを積み、充実した生活を送り、世界的な大企業の執行社長兼ＣＯＯ（最高執行責任者）を最後に引退しました。

父は人生を振り返って、いちばん大切な教えをこう考えているそうです。「自分に対してては真面目すぎず、他人に対しては厳しすぎないこと」。自分や他人の間違いに、もっと寛容で、失敗も学習プロセスの一環と捉えればよかった、と。いまの父ならわかるのです。失敗を犯しても、大地が揺らぐことなど滅多にないのだと。そして、それを痛感した出来事を話してくれました。

ＲＣＡで働いていた駆け出しの頃、暗礁に乗り上げたプロジェクトがありました。父たちは何日も徹夜して問題解決にあたりました。何週間ものあいだ、解決策を見つけることだけに集中しました。ようやく問題を解決し、プロジェクトを完成した直後、事業計画全体が中止になりました。父たちにとってはプロジェクトがすべてでしたが、ほかの人たちにとっては取り替えのきくものだったのです。このとき思い知り、その後何度も学んだのは、人生に起きることのほとんどは、そのときの自分が思っているほど大したことではない、とくに失敗はそうだ、ということでした。

成功は甘美だけれど、移ろいやすいものでもあることも父が教えてくれました。影響力や権威、力のある立場に立てば、大きな恩恵を受けられます。けれども、その地位を去った途端に、そうした特権は消滅してしまいます。「力」は地位に由来します。その地位を外れた途端に、すべてがなくなってしまうのです。だから、自分自身を現在の地位と結びつけて考えてはいけないし、周りの評価も鵜呑みにしてはいけません。脚光を浴びたときは大いに楽しめばいいけれど、時機が来たら、主役を譲る覚悟がなければいけません。自分が会社を辞めても、会社は回っていきます。取り替えのきかない存在ではないのです。もちろん、実績は遺産として残るでしょうが、それも時とともに色褪せていきます。

現在の父は、命あることの喜びを噛み締めています。数年前、心臓発作を起こし、除細動装置を埋め込みました。命に限りがあることを、つねに意識しているといいます。毎日がかけがえのないものであることは頭ではわかっていますが、歳をとったり、生死に関わる病気をしたりすると、それが実感として感じられます。父は一日たりともおろそかにすまいと、ひとつひとつの機会をめいっぱい活かし、一瞬一瞬を慈しみながら過ごしています。

この本のヒントになるものはないかと、わたしはありとあらゆる引き出しを開け、クローゼットの中をのぞきこみました。現実のものも、頭のなかのものも。その途中で、四〇年も捨てずにとっていた麻布のバッグが見つかりました。六〇センチほどの袋には、自分にとって大切な長年の「宝物」が詰まっています。二〇歳のわたしにとって、このバッグは数少ない持ち物のひとつでした。大学から大学院に進み、社会に出てからも、どこへ行くにもこのバッグが一緒でした。滅多に開けることはないけれど、どこにあるかはだいたいわかっています。バッグとその中身は、わたしを過去につないでくれる「よすが」だといえるかもしれません。

バッグにはいろいろなものが入っていました。遠くの海辺で集めた何の変哲もない小石や貝殻、高校や大学時代の色褪せた写真つき身分証明書。昔もらった手紙の束、そして、わたしの初期の「発明」の数々。工作用の粘土と時計の電池でつくったＬＥＤのアクセサリーも、わたしの発明品です。小さなノートには、「実験的作品」と題した一連の詩が綴られていました。

ノートに詩を書いた当時、大学院で神経科学の系統だった実験に明け暮れていて、その反動で詩が生まれたのでした。そのうちのひとつ、「エントロピー」と題した詩が、目に飛び込んできました。この詩は、確実なことが何ひとつないなかで、ユーモアを見出そうとしたものでした。詩を書いたのは一九八三年九月ですが、当時は先行きが見通せず、将来が曖昧模糊としていました。初版にはこの詩自体は載せなかったのですが、出版以来、多くの読者から読んでみたいと言われたので、恥をしのんで、ここに掲載します。

エントロピー

人生は「エントロピー」という名のゲーム
ゴールは狂気に近づくこと
先が読め過ぎるようになったとき
そして人生なんてこんなものだと思えてきたとき
プレーヤーには戦略的な動きが必要だ
さもなければ、事態は悲劇的な方向に進む
やり残したことは、ランダムに取り組んでもかまわない
手探りで、つまずきながら進む
新しいプレーヤーにゲームにくわわってもらってもいい
必然的にルールは変わらざるをえない
でも、あまりに長く一貫性を求められたとき
管理と命令がしつこく表れるときには
全面攻撃に出なくてはならない
生き残り、エントロピーを取り戻すために
唯一できるのは、確実な守り

再現性と有意性から守る
それがわたしの秘密、わたしの守りは固い
どんな運命かなんて言わない
ただわたしの進歩を見ていて
絶対、「エントロピー」ゲームに勝つから

あれから三五年経ったいま、先行きが不確実なのはギフトなのだと思っています。いまだにどの道を行くべきか迷うときがあり、目の前の選択肢にたじろぐことがあります。でも、いまならわかります。不確実性こそが、可能性の扉を開けてくれるのだと。

社会に出るときに直面した不確実性は、消えてなくなるわけではありません。人生の節目節目で、不確実性に遭遇します。転職するとき、会社を興すとき、新しい人に出会うとき、子どもが生まれたとき、退職するとき。先行きはわからず、そのときどきの決断と行動に大きく左右されます。でも、それはチャンスでもあるのです。不確実性こそが人生の本質です。イノベーションを爆発させる火花であり、わたしたちを前進させてくれるエンジンなのです。

この本で何より伝えたかったのは、快適な場所から離れ、失敗を恐れず、不可能だと決めつけることなく、あらゆる機会をとらえれば、可能性は無限に広がり、輝くことが

できる、ということでした。このメッセージがみなさんに響いたことを願っています。もちろん、こうした行動は人生に混乱をもたらし、不安定にするものです。でも、それと同時に、自分では想像もできなかった場所に連れていってくれ、問題がじつはチャンスだと気づけるレンズを与えてくれます。何より、自分が直面している問題は解決できるのだ、という自信を与えてくれるのです。

三五年前に書いた詩を読んで思い出すのは、次のカーブに何が待ち受けているのかわからなかったが故に抱いた不安です。将来が確実でないのは歓迎すべきことなのだと、誰かが教えてくれればどんなにかよかったのに、と思います。この本で紹介した物語が教えてくれているように、予想できる道を外れたとき、常識を疑ったとき、そしてチャンスはいくらでもあり、世界は可能性に満ちていると考えることを自分に許可したときに、とびきり面白いことが起きるのですから。

読者のみなさんへ

お読みいただきありがとうございます。みなさんに響くものがあったことを願っています。

すべての始まりとなったアイデアの種は、息子のジョシュが一六歳を迎えた一四年前に生まれました。あと二年で大学進学だと思うと親として焦りを感じたのです。息子は学校で教えられる常識的なことは身につけていましたが、それ以外にも知っておいたほうがいいと思うことがたくさんありました。いわば、社会に自分の居場所をつくるために必要なこと。私自身が大学に進学したときや社会に出たときにそれらを知っていれば、もっとストレスが少なく、もっと充実していただろうと思います。そこで息子に伝えたいことをリストにすることにしました。覚え書きはパソコンのデスクトップに置いておき、思いついたらその都度リストにくわえていきました。

リストをつくり始めて数カ月後、スタンフォード大学の企業リーダーシップ・プログラムで、学生に話をするよう依頼されました。そこで、このリストをヒントに講演を組み立てることにしました。題して「わたしが20歳のときに知っておきたかったこと」。講演では、スタンフォードでの起業家リーダーの講演をまとめた短いビデオをまじえながら、リストにした心得を話しました。この講演は共感を呼んだようで、ほどなく各地から講演依頼が舞い込むようになりました。最初は大学内でしたが、全米各地、世界各国へと広がっていきました。

熱心な反応に気をよくしたわたしは本を書こうと思いたち、ウエストポイントの陸軍士官学校で新入生を前に講演をした帰りの機内で短い企画書をまとめました。そして同僚の出版エージェントに見せたのですが、脈なしで、最初から練り直すよう勧められました。多少傷ついたのと、ほかのことで多忙をきわめていたため、書き直すことはなく、企画書はパソコンのファイルで静かに眠ることになりました。

丸二年が経ったある日、わたしはエクアドル出張のため、サンフランシスコ発の早朝の飛行機に乗りました。朝食が出された後、隣の席の男性と話し始めたところ、マークという名のその男性は奇遇にもサンフランシスコにある出版社ハーパー・ワンに勤めているといいます。目的地に着く頃には、教育と出版に関する共通の関心があることがわかりました。話の途中で、わたしはささやかなリスクを取りました。都合よくパソコンに眠っていた、あの出版企画書を見せたのです。マークは丁寧に目をとおした後、自分は興味がないと言いました。二度目の空振り。到着後、わたしたちは連絡先を交換して別れました。その後、わたしは大学の授業のプロジェクトを紹介するメールを定期的にマークに送りました。

一年ほど経った頃、第1章で詳しく紹介した「イノベーション・トーナメント」の短いビデオをいくつか添付して送りました。興味をそそられたマークは、なんと、このプロジェクトをもとに学生チームの本がつくれないか話し合いたいと言ってきました。正直いって、わたしは少々傷つきました。わたしとではなく、学生と本をつくりたいと言うのですから。とはいえ、もちろん紹介はしました。

マークは同僚を引き連れ、学生に会いに大学にやって来ました。残念ながら学生は本の出版に乗り気ではありませんでした。卒業が迫っていて、卒業後はそれぞれ別の道に進むことが決まっていたのです。マークが連れて来たなかにシニア・エディターがいました。ランチが終わる頃、そのエディターが、わたしの講義をもとに本を書いたら面白いかもしれないと言ってくれました。じつは企画書ならあると即答したわたしは、出版エージェントとマークに見せたのとおなじ企画書を後で送りました。

幸いとんとん拍子で話は進み、数週間も経たないうちに出版契約を結んでいました。

問題は、卒業の時期に合わせて出版するために、執筆期間が四カ月しかとれないことでした。六週間の出張の予定があり、ほかにも山ほど業務を抱えているので、本を仕上げるには、頼れるものは何でも頼るしかありません。毎日午前中に三時間執筆し、関わりのあったさまざまな方やものに登場してもらいました。わたしはいわば真空管で、真空管をとおして語られる物語が、わたしの伝えたかったことを補強してくれました。うれしいことに本は息子ジョシュの二〇歳の誕生日に完成し、受け取った初版を息子にプレゼントできました。

わたしにとってやるべきことは終わった。そう思っていました。

ところが思いがけないことが起こりました。本はアメリカだけでなく、世界中で読まれるようになったのです。日本、中国、韓国、タイ、トルコ、ロシア、ブラジル、イスラエル、ドイツ。本のメッセージは、年代や文化の大きな違いを超えて共感を呼んだようでした。各国の読者から送られてくる手紙には、こんな考え方を待っていた、と記されていました。

人それぞれ、心に残る部分は違います。失敗から立ち直った話に注目する人もいれば、常識を疑う教訓に勇気を得た人もいます。限られた資源で偉業を成し遂げた人の話に刺激を受けた人もいます。そして、自分らしい道を歩む許可を待っていた人もいます。この本が読者のみなさんの思いに火をつけ、次の一〇年に羽ばたけるよう願ってやみません。一〇年のあいだには思いもかけないすばらしいことが起こりうるのですから。

心からの感謝をこめて

ティナ・シーリグ
二〇一九年四月二〇日
カリフォルニア州ポートラ・バレー

謝辞

この本が世に出ることを後押ししてくださった多くの方々に御礼を言わなければなりません。まず何よりも、読者のみなさんに感謝申し上げます。最初の版が心に残ったと言ってくださる読者の存在がなければ、一〇周年記念版を執筆する機会はありませんでした。その機会をいただいたことに、深く感謝しています。

最初の版でもこの記念版でも、幸運なことに、多くの方々から学ばせていただきました。ご自身の物語や教訓を惜しみなく話してくださったことに深く感謝しています。以下の方々にとくに御礼申し上げます。

リサ・ベナター、スジャヤ・ブムカー、スティーブ・ブランク、テレサ・ブリッグス、ペギー・バーク、トム・バイヤーズ、ダナ・カルダーウッド、スタン・クリステンセン、サンドラ・クック、マイケル・ディアリング、アシュウィニ・ドーシ、デブラ・ダン、アリステア・フィー、ネイサン・ファー、スティーブ・ギャリティ、リンダ・グラス、ジェフ・ホーキンス、ジョン・ヘネシー、クインシー・ジョーンズ三世、ジニー・カワジー、ガイ・カワサキ、ペリー・クレバーン、ランディ・コミサー、チョン・ムン・リー、フェルン・マンデルバウム、ケヴィン・スパッダン、トリシア・リー、ブレイク・ノードストローム、エリック・ノードストローム、エリザベス・ペイト・コーネル、ジム・プラマー、バーニー・ロス、ハイディ・ロイゼン、マイケル・ローゼンバーグ、デビッド・ロスコフ、リンダ・ロッテンバーグ、ジョシュ・シュワルツェペル、ジェリー・シーリグ、ジェフ・セイバート、カーラ・シャッツ、ジョン・スティゲルボート、カルロス・ビグノロ、クウェン・ブォン、ポール・ヨック。

スタンフォード大学連続講演で、自身の経験をお話しくださった起業家リーダーの方々にも御礼申し上げます。ＳＴＶＰアントレプレナーシップ・コーナー・ウェブサイト（eCorner）にある以下の方々の講演を参考にさせていただきました。キャロル・バーツ、パット・ブラウン、チップ・ハース、ミア・イムラン、レイラ・ジャナ、スティーブ・ジャーベットソン、デビッド・ケリー、ビノッド・コースラ、マリッサ・メイヤー、ジョシュ・マクファーランド、デビッド・ニールマン、ラリー・ペイジ、ジル・ペンチナ、ボニー・シミ、デビー・スターリング、ケヴィン・ウェイル、アン・ウォジスキー。二〇〇五年のスタンフォード大学の卒業式ですばらしいスピーチをしてくれたスティーブ・ジョブズにも記して感謝します。

スタンフォード・テクノロジー・ベンチャーズ・プログラムと工学部のすばらしい同僚たちも、この本のプロジェクトに大いに貢献してくれました。何よりわたしの人生を豊かにしてくれたことに御礼申し上げます。まず、二〇年前にわたしをＳＴＶＰに誘ってくれたトム・バイヤーズに感謝します。トムは卓越したロールモデルであり、すばらしい同僚であり、大の親友です。トムの寛大なサポートと指導がなければ、この二〇年のさまざまな機会に恵まれることはありませんでした。

つぎに、この間、多くのことを教えてくれたSTVPのすばらしい同僚に感謝したいと思います。ラヴィ・バラニ、スティーブ・ブランク、トビー・コレイ、ローレン・クラウト、チャック・エスレイ、キャシー・アイゼンハルト、マット・ハーヴェイ、パム・ヒンズ・レベッカ・ファン、レイチェル・ジャルコウスキー、リッタ・カティラ、ハルヨス・カーラ、トレヴォー・ロイ、エミリー・マー、フェルン・マンデルバウム、アン・ミウラ-コウ、アルベルト・サヴォイア、ダニエレ・スツィッシ、フォレスト・グリック、テレサ・リナ・スティーブンス、アリ・リコ、ニッキ・サルガド、リアン・シバ、ロバート・サットン、ヴィクトリア・ウー。工学部の同僚、ニック・バムボス、マーガレット・ブランデュ、ラウラ・ブレイフォーグル、ジム・プラマー、ジェニファー・ウィドムにも感謝しています。おかげで工学部がすばらしい職場になりました。STVPのスポンサーの方々には、そのご厚意で次世代の起業家を教育できる機会をいただいたこと、深く感謝申し上げます。

スタンフォード大学ハッソ・プラットナー・デザイン研究所（通称dスクール）の友人や同僚には敬意を表します。とくに以下の方々には感謝しています。バニー・バナジー、マイケル・バーリ、デニス・ボイル、ブルース・ボイド、シャーロット・バージェス・オーバーン、リズ・ガーバー、ジュリアン・ゴロスキー、ジャスティン・フェレル、アレタ・ハイエス、ニコール・カーン、デビッド・ケリー、ジョージ・ケンベル、キム・ケンダール・ハンフレイズ、ハナ・ジョイ・ルート、エリック・オルズンド、バーニー・ロス、サラ・スタイン・グリーンバーグ、マーク・グランバーグ、アルベルト・サヴォイア、リサ・ソロモン、テリー・ウィノグラッド、スージー・ワイズ。彼らのクリエイティビティと教える熱意にはつねに刺激を受けています。

以下のプログラムで学ぶ喜びを分かち合ったすべての学生にもお礼を言いたいと思います。メイフィールド・フェローズ、DFJアントレプレナリアル・リーダーシップ・フェローズ、アクセル・イノベーション・スカラーズ、バイオデザイン・フェローズ、dスクール・ブートキャンプ、サマーカレッジ。そして、クリエイティビティとイノベーションに関するわたしの講義を履修したすべての学生たち。彼らの起業家精神は、つねにわたしの期待を超えています。

さまざまな段階で草稿に目をとおし、貴重な示唆をくれた方々が大勢います。ラムヤ・バラシンガム、ジェイムズ・バーロー、シルヴィン・ベラー、ペギー・バーク、キャサリン・エメリー、キャロル・イーストマン、グレッグ・ガルミサ、ジェラルド・ゴンザレス、ジョナー・グリーンバーグ、グレース・イズフォード、ボリス・ロヴィンスキー、ベアタ・ペトコワ、パトリシア・ライアン・マドソン、ジュリエット・ローテンバーグ、アリ・サリルガン、ジェリー・シーリグ、ロレイン・シーリグ、アナンド・スブラマニ、エリック・ボルマー。この方々の意見や提案を本書に大いに反映させていただきました。

以上の方々から多大な支援をいただきましたが、ハーパー・ワン社のギデオン・ウエイルの導きがなければ、この本が日の目を見ることはなかったでしょう。ギデオンはすばらしいコーチであり、よき師であり、有能な編集者です。この一〇年、会話の度に新たな発見があり、彼からの電話を心待ちにしたものです。編集に関しては旧版ではリサ・ズニカに、一〇周年記念版ではディアナ・スタープにお世話になりました。すばらしいスキルで、すべての物語のニュアンスを損なうことなく、詩のように洗練させてくれました。

そして、何年も前に国境を越える旅の途上で知り合ったマーク・タウバーには、とくに御礼申し上げます。わたしたちの物語に思いを馳せると、会話を始めたら何が起こるかはわからない、と感慨深くなります。

個人的な面では、かけがえのないパートナーであり、良きアドバイザーである夫のマイケルに声を大にして御礼を言いたいと思います。貴重な助言をくれ、無条件にわたしを支え、いつも励ましてくれるマイケルには感謝の気持ちでいっぱいです。わたしの教育の基礎を築いてくれた両親にもとくに感謝しています。両親は、わたしの人生のお手本であり、師でもあります。

最後に、二〇歳のときに知っておきたかったことのリスト作成のヒントをくれた、息子のジョシュには頭があがりません。社会のなかで自分の居場所をどうやって見つけるかについて、つねに思慮深く刺激的な見方を教えてくれました。この新装版は、息子の三〇歳の誕生日プレゼントです。ハッピー・バースデー……そして、その先へ！

Stanford Innovation Lab. 2017年1月11日。25分56秒のポッドキャストのインタビューは以下で視聴できる。Ecorner.stanford.edu/podcast/win-more-by-solving-other-peoples-problems/.
3. 助けてもらいやすい人になるためのハイディ・ロイゼンの見解。"Networking Expert Heidi Roizen on Making Business Connections That Matter" Adobe Communications TeamによるAdobe Blog の投稿。2017年11月1日。以下にある。theblog.adobe.com/Heidi-roizen/.

第11章　これ、試験に出ますか?

1. スティーブ・ギャリティの動画は以下にある。http://ecorner.stanford.edu.
2. ケヴィン・ウエイルの動画は以下にある。http://ecorner.stanford.edu.
3. Chip Hearth, "A Well-Designed First Day" 起業リーダー講演、2018年5月7日。4分24秒の動画は以下で視聴できる。http://ecorner.stanford.edu/in-brief/a-well-designed-first-day/.
4. パズルの演習を要約した短いビデオ。Tina Seelig, "The Puzzle Project: Entrepreneurship Simulation" eCorner, 2006年9月21日。5分45分の動画は以下で視聴できる。http://ecorner.stanford.edu/video/the-puzzle-project-entrepreneurship-simulation/.

第12章　実験的作品

1. 詳しい情報は以下。www.embraceinnovations.com/#home; 以下も参照。http://ecorner.stanford.edu/video/embrace-the-entrepreneurial-journey/.
2. デビッド・ケリーの動画は以下にある。http://ecorner.stanford.edu.
3. このプログラムの詳しい情報は以下。http://chipconley.com/modern-elder-academy.
4. 詳しい情報は以下。www.positiveinteligence.com/assessments/.

第8章　レモネードがヘリコプターに化ける

1. "luck"の完全な語義は以下を参照。http://en.oxforddictionaries.com/definition/luck. 及びwww.differencebetween.com/difference-between-destiny-and-vs-luck/
2. "Princeton Baccalaureate 2012: Michel Lewis" プリンストン大学が2012年6月5日に投稿。13分41秒の動画は以下で視聴できる。
3. "Secret of Luck" ニック・エンジェルが2011年12月23日に投稿。44分17秒の動画は以下で視聴できる。http://vimeco.com/34133694.
4. Tina Seelig "The Little Risks You Can Take to Increase Your Luck," TED Talk, 2018年6月。11分40秒の動画は以下で視聴できる。www.ted.com/talk/tina_seelig_the_little_risks_you_can_take_to_increase_you_luck.
5. "Steve Jobs's 2005 Commencement Address" Stanford News, 2005年6月14日。15分4秒の動画（及び原稿）にある。News.stanford.edu/2005/06/14/jobs-061505/.

第9章　賢明な行為は正しい行為？

1. ロバート・サットン『あなたの職場のイヤな奴』（矢口誠訳、講談社）
2. ガイ・カワサキの動画は以下にある。http://ecorner.stanford.edu.
3. グレッグ・マキューン『エッセンシャル思考』（高橋璃子訳、かんき出版）
4. 欠乏と豊かさに関するブログ投稿。Tina Seelig, "How to Navigate the Transition from Scarcity to Abundance," Medium, 2017年3月7日。Medium.com/@tseelig/when-less-is-more-navigating -the-transition-from-scarcity-to-abundance-13f3c2fc9671.

第10章　矢の周りに的を描く

1. この交渉の演習は、スタンフォード大学経営大学院のマーガレット・ニール教授の講座を参考にした。
2. Margaret Anne Neal, "Win More by Solving Other People's Problems"

watch?v=YO44XJIXJjY
10. ジル・ペンチナの動画は以下にある。http://ecorner.stanford.edu.以下も参照。http://ecorner.stanford.edu/podcast/the-contrasts-of-a-big-company-and-a-small-start-up/.

第6章　行く手の乱気流

1. デビー・スターリングの動画は以下にある。http://ecorner.stanford.edu.
2. Alberto Savoia, The Right It:Why So Many Ideas Fail and How to Make Sure Yours Succeed(San Francisco: HarperOne, 2019)
3. Carol Bartz の動画は以下にある。http://ecorner.stanford.edu.
4. ジョシュ・マクファーランドの講演"Answering Common Startup Questions(全体)" 起業リーダー講演、シーズン3、エピソード15、2018年3月7日。59分10秒の動画は以下にある。http://ecorner.stanford.edu/video/answering-common-startup-questions-entire-talk/.
5. "Steve Job's 2005 Commencement Adrdess," スタンフォード・ニュース、2005年6月14日。15分4秒の動画（および原稿）は以下にある。http://news.stanford.edu/2005/06/14/jobs-061505/.
6. デビッド・ニールマンの動画は以下にある。http://ecorner.stanford.edu.
7. ロバート・サットン『なぜ、この人は次々と「いいアイデア」が出せるのか』（米倉誠一郎訳、三笠書房）。サットンの動画は以下にある。http://ecorner.stanford.edu.
8. ジェフ・ホーキンス, "Individual vs. Company," 起業リーダ―講演、2002年10月23日。1時間17分の動画は以下にある。http://ecorner.stanford.edu.video/individual-vs-company/.

第7章　絶対いやだ！ 工学なんて女のするもんだ

1. "Mike Rowe: Don't Pursue Your Passion. Chase Opportunity" Entrepreneurの投稿。2015年4月10日。2時間58分の動画は以下で視聴できる。www.youtube.com/watch?v=NTli26RbrhM.

第4章　財布を取り出してください

1. ブーズ・アレン・ハミルトンに関する詳しい情報は以下。www.boozallen.com.
2. この演習をまとめた2007年2月6日投稿の7分17秒の動画“Wallet Prototyping”は以下で視聴できる。http://ecorner.stanford.edu/video/wallet-prototyping/.
3. デビッド・ロスコフの動画は以下にある。http://ecorner.stanford.edu.
4. ボニー・シミの動画は以下にある。http://ecorner.stanford.edu.

第5章　シリコンバレーの強さの秘密

1. Johannes Haushofer, “CV of Failures” www.princeton.edu/~joha/Johannes_Haushofer_CV_of_Failures.pdf.
2. Global Entrepreneurship Monitor: www.gemconsoritum.org/.
3. Thomas Catan, “Spain's Showy Debt Collectors Wear a Tux, Collect the Bucks,” 2008年10月11日付ウォール・ストリート・ジャーナル紙。www.wsj.com/articles/SBI22369424667425525.
4. 日本の破産法に関するボブ・エバーハートの研究の詳しい情報は以下。Pui Shiau, “Changes in Regulations Boost Entrepreneurship in Japan” Stanford Office of International Affairs, May 21, 2012, international.stanford.edu/info/news/changes-regulations-boost-entrepreneurship-japan.
5. メイフィールド・フェローズ・プログラムの詳しい情報は以下。http://mfp.stanford.edu.
6. 出版点数と売上に関するブックスキャンのデータの詳しい情報は以下。Lincoln Michel “Everything You Wanted to Know About Book Sales(But Were Afraid to Ask),” Electric Lit, June 30, 2016. electricliterature.com/everything-you-wanted-to-know-about-book-sales-but-were-afraid-to-ask-1fe6bc00aa2d.
7. ミア・イムランの動画は以下にある。http://ecorner.stanford.edu.
8. ロバート・サットン『あなたの職場のイヤな奴』（矢口誠訳、講談社）
9. StanfordBiodesignが2008年に2月28日に投稿した2分32分の動画“Stanford Rubber Wishing Tree”, は以下で視聴できる。www.youtube.com/

3. スタンフォード大学バイヤーズ・センターのバイオデザイン・プログラムに関する詳しい情報は以下。http://biodesin.stanford.edu/.
4. この二部の事例研究はCase Centreの以下のサイトで入手できる。www.thecasecentre.org/main/. "The Evolution of the Circus Industry" "Even a Clown Can Do It: Cirque du Soleil Re-creates Live Entertainment" by W. Chan Kim, Renée Mauborgne, Ben M. Bensaou, and Matt Williamson (Fortainebleau, France: INSEAD, June 2009)
5. この講演に関する情報は以下で入手できる。http://ecorner.stanford.edu/event/. http://ecorner.stanford.edu/には、すべての講演の記録が保管されている。
6. アラン・アルダの1980年6月1日のコネチカット大学での「62回卒業式の記念講演」は以下にある。http://digitalcommons.conncoll.edu/commence/7/
7. ランディ・コミサーの動画は以下にある。http://ecorner.stanford.edu.
8. ガイ・カワサキの動画は以下にある。http://ecorner.stanford.edu.
9. Yコンビネータのジャレド・フリードマンによるインタビュー"Elon Musk: How to Build the Future" 2016年9月15日投稿の19分32秒の動画は以下で視聴できる。www.ycombinator.com/future/elon.
10. Jared Lindzon, "How Sky Diving Cured My Depression" 2018年4月13日付ニューヨーク・タイムズ紙。www.nytimes.com/2018/04/13/opinion/depression-sky-diving-dubai.html.

第3章　ビキニを着るか、さもなくば死か

1. B. F. Skinner, "Selection by Consequences," Science 213, no.4507(July 31, 1981):501-4
2. 以下を参照。www.youtube.com/watch?time_continue=112&v=68JLWyPx7g.
3. ラリー・ペイジの動画は以下にある。http://ecorner.stanford.edu.
4. エンデバーの詳しい情報は以下。http://www.endeavor.org.
5. 詳しい情報は以下。www.economist.com/business/2012/10/13/shut-down-cumplo.

第1章　スタンフォードの学生売ります

1. スタンフォード大学のハッソ・プラットナー・デザイン研究所はdスクールの愛称で呼ばれている。ウエブサイトは以下。dschool.stanford.edu.
2. 最初の版を読んだ読者数人から、他人のために行列に並ぶのは違法ではないかとの指摘があったが、この種のサービスを提供する合法的なビジネスは多数存在する。例えば以下がある。LineAngel(lineangel.com/)やTaskRabbit(www.taskrabbit.com/m/featured/waiting-in-line)
3. 赤いクリップのプロジェクトの詳細は以下。www.oneredpaperclip.com
4. グローバル・イノベーション・トーナメントの詳細は以下。http://ecorner.stanford.edu/article/how-to-run-your-own-innovation-tournament/
5. 2015年4月19日にルディ・ポーが投稿した49分17秒の動画"Imagine It Post-it Challenge"が以下で視聴できる。www.vimeo.com/125397870.
6. 問題をチャンスに変えることをテーマにしたビノッド・コースラの講演"Any Big Problem Is a Big Opportunity"の動画は以下で視聴できる。http://ecorner.stanford.edu/video/any-big-problem-is-a-big-opportunity
7. スタンフォード・テクノロジー・ベンチャーズ・プログラムは、スタンフォード大学工学部内の経営工学・エンジニアリング学科が主宰。プログラムのウエブサイトは以下。http://stvp.stanford.edu
8. William Bruce Cameron, *Informal Sociology: A Casual Introduction to Sociological Thinking*(New York: Random House,1963), 13

第2章　常識破りのサーカス

1. 2008年2月28日にBigloftRulzが投稿した3分1秒の動画"Do Bands"が以下で視聴できる。www.youtube.com/watch?v=gz0246tMejk.
2. Lewis Pugh, twitter.com/lewispugh/status/950579550009876480.

解説　私には夢がある

アフリカ系アメリカ人の公民権運動の指導者で知られるキング牧師の有名なせりふにI have a dream（私には夢がある）というのがあります。私の大好きな言葉ですが、すべての行動はここから始まると言っても過言ではないと思います。本書が日本で初めて出版されてから早いもので10年の歳月がたちます。著者ティナ・シーリグは成人する息子のことを思い書き始めたそうですが、私もこの10年の間に小さかった子供たちがどちらも無事成人式を迎え、この本を渡すことができました。

10年前の初版本の解説には日本は開業率よりも廃業率のほうが長期にわたり高いことを書き、イノベーションや起業に関してはかなり後進国であったとの意識が内心ありました。しかし近年はその状況も随分と変わり、いまでは開業率のほうが高くなりました。また優秀な学生が官庁や大企業以外にも、起業やベンチャーに行くという例もめずらしくなくなりました。そのほか大手企業もコーポレート・ベンチャー・キャピタル（CV

C）を通したベンチャー投資やジョイントベンチャーがもはや当たり前のようになりつつあります。

私が独立した20年近く前は人事担当者が「イノベーション」という言葉を聞いたことないこともめずらしくなく、ビジネスに創造性は必要ないと言い切った人もいたほどです。そのころを思えば、随分と進化したように思います。もちろん道のりはまだまだ遠い。たとえば本書にも出てくるグローバル・アントレプレナーシップ・モニター（GEM）の調査では、日本はアントレプレナーシップの観点から世界ではまだ26位です。しかしながら毎年スコアはあげており、正しい方向には歩んでいるといってもいいでしょう。

本書は常識を疑うこと、チャレンジすること、リスクを恐れないことについてあらゆる事例を使いながらその重要性について説きます。再度読んでみるとどれも納得できることばかりですが、いざ実行に移そうと思うとなかなか難しいと感じる方も多いのではないでしょうか。特に日本の環境ではちょっと無理だな、と感じた人も少なからずいるのではないかと思います。私自身幼少期から計10年以上の海外生活はもとより、公私ともに普段からあらゆる国の人々と付き合い、文化の違いに触れてきました。ただいくら違えどもやはり人間である以上、共通点のほうがはるかに多いものです。またほとんどの場合、むしろその共通点に着目したほうがよりよい結果を生むことをその体験の中から学びました。

大きな共通点はよりよく生きることを考えたとき、行動を起こすに勝ることはなく、その原点は夢など（「志」や「ヴィジョン」と言い換えても可）何かしらの動機が根底にあることです。夢を持つきっかけは必ずしもポジティブな経験とは限らず、非常に苦しいことも少なくありません。

学生時代、倫理や現代社会の授業で「マージナルマン」という言葉がでてきますが、あらためて辞書で調べてみると以下のようにあります。


「互いに異質な二つの社会・文化集団の境界に位置し、その両方の影響を受けながら、いずれにも完全に帰属できない人間のこと。社会的には被差別者、思想においては創造的人間となりうる。境界人。周辺人。」　三省堂大辞林第四版

この定義は非常に興味深いのですが、境界にいる人は社会的に被差別者になることもあり、むしろその体験が創造的人間になるきっかけにもなりうるわけです（念のため、決して差別を容認しているわけではありません）。ここで言いたいことは、生命は逆境

の中でもそれを利用しながらよりよい社会を築いてきたということです。

常識を疑い、チャレンジをするために夢をまず持たなければいけないものの、それをなかなか持てなければどうしたらいいのか？

まずは境界エリアに自ら行ってみて、境界人との接点を増やすのがよいでしょう。というのも、そもそも変革は辺境から始まるといわれているからです。

歴史をふり返ると、南アジアや北アフリカ周辺で文明が産声をあげましたが、その辺境は地中海付近であり、その後、栄華を極めました。今でこそフランスの花の都パリは文化の世界的中心のひとつですが、イタリアのメディチ家との交流が起きるまでは決して文化的な地域ではありませんでした。そしてそのまた辺境のイギリスがその後発展を遂げていきます。そのイギリスも１９００年まではＧＤＰ世界一でしたが、そこから大西洋を渡り、アメリカという辺境で大国をつくります。アメリカも１９５０年ごろまでは東海岸が中心でしたが、その後ハリウッドとシリコンバレーという二つの巨大産業クラスターが西海岸という辺境にできます。日本も中華思想のなかでは東夷にあたり、大昔は東に住む未開人ということになります。また日本国内でも建国当初はそもそも畿内中心の国で、東京も３００年ほど前までは辺境でした。

これらはせいぜい数万年の人類史の話ですが、もっとマクロに地球の50億年近い歴史を見ても同じことが言えます。大きな環境変化が起きるとその時代の頂点捕食者は絶滅し、そのときに逃げ隠れていた辺境にいた種が次世代の王者になることの繰り返しです。恐竜が絶滅して人間が繁栄した話は有名ですが、恐竜の前には哺乳類型爬虫類という種が繁栄していました。当時の地球は30％もの酸素濃度があり（現在は21％）、呼吸方法があまり発達していなかった哺乳類型爬虫類が頂点捕食者になることができました。その後、大型の火山活動をきっかけに酸素濃度は著しく低下し、地球上の70％以上もの種が絶滅（海中に限っては96％）。その後の低酸素時代には哺乳類以上に優れた呼吸システムを持つ恐竜が頂点にたつことになったのです。

つまり、辺境にいたことにより新しい能力を獲得することができたのです。現代においても、変革は中央で生まれることはまれで辺境や境界に目を向け、どっぷりと浸かることで新しい能力が身に付き世界は広がります。

私自身キャリアの最初の10年は界面活性剤を扱う研究者だったのですが、水と油の間の境界も強い張力が働き、まじりあうことはありません。この境界を専門用語では「界面」と言いますが、活性剤を使えばいとも簡単にまじりあってしまいます。界面活性剤というと人工的な悪いイメージを持つ人もいらっしゃると思いますが、自然界では天然の界面活性能力のある物質は数多く知られ、それが生命維持活動にはなくてはならない存在です。人間界にもこのような界面活性剤のような人がいて、ときとして煙たがられることも多いのですが、そのような人の夢や志に耳を傾けることで損することは決してありません。

夢が持てないという人も時折見かけますが、心配する必要はありません。生物はそもそもが、環境に適応するように作られています。本書にもあるように赤ちゃんは何度も失敗しながら歩くことを覚えます。我々は太古の地球史より産まれながらにＤＮＡに創造力を持ち合わせたイノベーターの資質を持っているのです。

問題はそれをどう発現するかですが、それは常に簡単とは限りません。ピカソも「私は、ラファエルのように描くのに4年かかったが、子供のように描けるようになるには一生を費やした」と言っています。

では、どうすればよいのでしょうか？　繰り返しになりますが、辺境に近い環境に自分を置いてみることが近道です。もちろんリスクもありますし、環境を変えることも大変ではありますが。

今回の改定版では新たに2章分が加えられ、そのうちの1章はまるまるリスクについて書かれています。リスクとリターンは相反関係にありますが、実は一般の人と境界人・イノベーターではリスクに対する対処法が違います。意思決定論でノーベル経済学賞を受賞したハーバート・サイモンのお弟子さんにサラス・サラスバシーというインド人女性がいます。彼女はこの意思決定論をもとに成功した起業家について調べ、一般の人とは違うものの考え方をすることを突き止めました。その結果からエフェクチュエーションという学問領域を確立しました。そこには5つの原則がありますが、二番目の「許容可能な損失」がリスクの観点からは興味深いものです。

一般的なビジネスエリートはハイリスク、ハイリターンであるビジネスモデルや戦略を想定し、いかにリスクを下げるかと考えます。しかし成功する起業家はローリスク、ローリターンから始め、いかにリターンをあげるかを考えます。

つまり、できることから始めるのです。これは目標は同じでも考え方がまるで正反対です。私自身、企業内でなかなかイノベーションが起きない事例として、市場規模が小さい、あるいはないために、進めるための意思決定できない例を山ほど見聞きしてきましたが、ほとんどの原因はこの考え方の違いでした。実際、世の中で起きる大きなイノベーションは進化や文明と同様最初の兆しはものすごく小さく、か弱いものです。たとえば、今では数ギガバイトの動画をインターネットで当たり前のように見ていますが、世界で初めてのインターネットメッセージは1969年で「lo」のたったの2文字です。「login」と送ろうとしたものの途中でクラッシュしたとのこと。当時、今のGAFAの世界を想像できた人は皆無でしょう。最初はすべて小さく、か弱いものなのです。ですから環境を変えるといっても、すぐに転職や起業するということではなく、ローリスク、ローリターンから始めるのです。

個人レベルでよりよい人生を歩みたいのであれば、自らに辺境、つまり未知のものにチャレンジするだけでも十分創造力を高めることに貢献します。もし大きな夢はなくともももっと何か社会的に大きなことを達成したいのであれば、辺境に近づき境界人との接触を増やしましょう。そしてすでに自らの大きな夢がある境界人はいまのまま仲間を増やし、是非よりよい世界を創造していきましょう。人それぞれ目指すところは違えども、千里の道も一歩より始まり、その一歩を踏み出す時の言葉は共通しています。「私には夢がある」

みつまつ　あらた（イノベーション・コンサルタント）

［著者］
ティナ・シーリグ　Tina Seelig

スタンフォード大学医学大学院で神経科学の博士号を取得。現在、スタンフォード・テクノロジー・ベンチャーズ・プログラム（STVP）とハッソ・プラットナー・デザイン研究所（通称d.school）のファカルティ・ディレクターを務め、創造性、アントレプレナーシップとイノベーションの講座を担当。またスタンフォード大学工学部教授でもある。工学教育での活動を評価され、2009年に権威あるゴードン賞を受賞。著書に『未来を発明するためにいまできること』『スタンフォード大学　夢をかなえる集中講義』（いずれもCCCメディアハウス）などがある。

［訳者］
高遠裕子　Yuko Takato

翻訳者。主な訳書に、シーリグ『未来を発明するためにいまできること』『スタンフォード大学　夢をかなえる集中講義』、コッチ『［増補リニューアル版］人生を変える80対20の法則』（いずれもCCCメディアハウス）、マンスキー『マンスキー データ分析と意思決定理論 不確実な世界で政策の未来を予測する』（ダイヤモンド社）、バーバー『権力者と愚か者 FT編集長が見た激動の15年』、ヘンダーソン『資本主義の再構築 公正で持続可能な世界をどう実現するか』（いずれも日本経済新聞出版）など多数。

［解説］
三ツ松新　Arata Mitsumatsu

イノベーション・コンサルタント。1967年神戸生まれ。幼少期をニューヨークで過ごす。神戸大学大学院農学研究科修了後、P&Gに入社。プロダクトマネジャーとして多くの新規商品、ブランドの立ち上げやグローバルプロジェクトにも参画。極東地域における特許出願件数歴代トップを記録。独立後はイノヴェティカ・コンサルティング代表として、大手上場企業やベンチャー企業向けにイノベーションのコンサルティングを行い、現在、カンボジアを拠点に新規事業スタートアップ支援も行っている。ティナ・シーリグ『未来を発明するためにいまできること』『夢をかなえる集中講義』にも解説を執筆。

装丁・本文デザイン　轡田昭彦＋坪井朋子
校閲　円水社／竹内輝夫

新版《しんぱん》 20歳《さい》のときに知《し》っておきたかったこと
スタンフォード大学《だいがく》 集中講義《しゅうちゅうこうぎ》

2020年12月10日 初　　版
2022年12月 1 日 初版第5刷

著　　者 ティナ・シーリグ

訳　　者 高遠裕子

発 行 者 菅沼博道

発 行 所 株式会社CCCメディアハウス
〒141-8205 東京都品川区上大崎3丁目1番1号
☎03-5436-5721（販売） ☎03-5436-5735（編集）
http://books.cccmh.co.jp

印刷・製本 株式会社新藤慶昌堂

ISBN978-4-484-20107-8

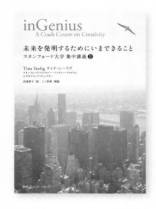